# 健康

## 成就"每一位"的

# 美好人生

上海市实验幼儿园七十余载耕耘"健康教育"的文化追求

俞文珺◎编著

上海教育出版社
SHANGHAI EDUCATIONAL
PUBLISHING HOUSE

图书在版编目（CIP）数据

健康：成就"每一位"的美好人生 / 俞文珺编著. — 上海：上海教育出版社，2024.3
ISBN 978-7-5720-2560-0

Ⅰ.①健… Ⅱ.①俞… Ⅲ.①健康教育－学前教育－教学参考资料 Ⅳ.①G613.3

中国国家版本馆CIP数据核字(2024)第059112号

责任编辑　章琢之
封面设计　金一哲

**健康：成就"每一位"的美好人生**
俞文珺　编著

出版发行　上海教育出版社有限公司
官　　网　www.seph.com.cn
地　　址　上海市闵行区号景路159弄C座
邮　　编　201101
印　　刷　上海商务联西印刷有限公司
开　　本　700×1000　1/16　印张13　插页1
字　　数　205千字
版　　次　2024年4月第1版
印　　次　2024年4月第1次印刷
书　　号　ISBN 978-7-5720-2560-0/G·2253
定　　价　99.50 元

如发现质量问题，读者可向本社调换　电话:021-64373213

# 本书编委会

# 序

　　2012年，时值上海市实验幼儿园六十华诞之际，我曾经为《播种"健康"——上海市实验幼儿园"健康教育"领导篇》《播种"健康"——上海市实验幼儿园"健康教育"实施篇》两本著作撰序，其中提到了"希望上海市实验幼儿园再接再厉，不断探求科学的教育教学规律，努力形成基于'健康教育'的深厚文化自觉，让幼儿在健康文化的雨润中茁壮成长"的期待。转眼11年过去了，翻阅放在我面前的这本名为"健康：成就'每一位'的美好人生——上海市实验幼儿园七十余载耕耘'健康教育'的文化追求"的新作，再次感受到其作为一所上海市示范性幼儿园，始终坚守学前教育的初心，在长期的办园历程中，通过一代又一代园长和全体教工的传承，不断发扬光大优秀文化，在不同的历史时期砥砺前行、追求卓越的使命和责任。

　　我以为，上海市实验幼儿园的文化追求主要体现在三个方面：

　　一是始终把办老百姓满意的高质量幼儿园作为办园的价值取向和行动准则。坚定执着地为满足老百姓对学前教育优质资源的渴望和需求，在最普通的地域办最贴近百姓、最接地气的优质幼儿园。从幼儿园初创期蒋园长的"解放妇女劳动力，教授最基本的育儿方法"出发到阮园长的"整体教育"改革实验；从陆园长的"建构幼儿健康人格"到何园长的托育"三个率先"；再从邵园长的"健康教育课程整体架构与实施研究"直至现任俞园长的"大健康视域下幼儿活动空间重构的行动研究"，都清晰地呈现了探索健康教育，促进幼儿全面、和谐、持续成长的足迹，反映了七十余年矢志不渝办人民满意的学前教育的初衷和追求。

　　二是对高质量发展目标下的"高品质幼儿园是什么？做什么？怎么做？"的思考和行动。首先对"高品质"教育的内涵有了更深刻的理解，即教育品质的外延不是教育结果的品质，而是教育过程的品质。其次把健康教育课程研究置于国家育人目标的大背景下，把每一位幼儿在课程中的有效发展作为健康教育的逻辑起点和归宿，在此基础上不断凝练"健康教育"的课程理念，更新"健康教育"的内容，探索"健康教育"的多元实施路径和方法，反思完善"健康教育"的课程结构，不断优化整个"健康教育"体系，形成了具有幼儿园特色的园本化实施课程的发展路径。这些举措为未来的上海市实验幼儿园勾勒出了一幅更新、更美、更优的蓝图，体现了以文化为核心的办园目标和导向。

三是不仅关注课程对幼儿、对教师、对家庭、对社会的影响和辐射，还重视对每个人生命质量和生活品质的关照。因为幼儿园教育品质的提升，最终体现在促进"人的发展"。教育的质量应体现在引导每个人尊重生命、融入人类社会、发展个性和潜能上，以发挥教育的超功利价值。无论是从办园理念、历代模范代表、不同历史时期的改革行为中，还是从对文化建设的思考和实践中，我们都能在本书中感受到这一点。

当前，在担当民族复兴大任和立足实现第二个百年奋斗目标的教育定位下，树立新的追求，坚持立德树人，落实五育并举，使幼儿个体生命的质量和价值提升，使幼儿园群体成员有机会体验成功、收获成长，使幼儿园内部协调、有序、高效地发展，让幼儿园在开放中实现内外共赢是我们高质量发展的目标。预祝上海市实验幼儿园在新一轮发展中再创新业绩，勇攀新高峰！

是为序。

尹后庆

上海市教育学会会长

# 前言

　　上海市实验幼儿园创办于 1952 年,前身系真如区曹杨新村第一幼儿园,是解放后上海第一所工人新村幼儿园,象征着上海学前教育承担"照料工农大众后代,为劳动人民服务"使命的启航。1957 年,幼儿园易名为上海市实验幼儿园(也可简称为"实幼"),成为当时上海仅有的四所示范性幼儿园之一。2002 年,由普陀区政府投资在原址上重建园舍。如今,上海市实验幼儿园已发展成为"城堡式""一综四教"的园舍空间格局,共有杏山园和阳光园两处园舍,占地面积达 11 亩。师资队伍不断壮大,教育理念与教育资源持续优化,示范引领作用日益显著,招生学段覆盖婴托班、托班、小班、中班、大班等五个年龄段。园内设有 30 个班级,接纳近千名幼儿就读。

　　七秩弦歌励耘,万千桃李芳菲。72 年悠悠岁月,让上海市实验幼儿园从一个仅有 12 个班级的工人新村幼儿园发展成为拥有"市级示范园"称号的现代化园所。这片沃土,见证了众多教师的默默耕耘。上海市实验幼儿园如今的光环与荣誉离不开他们"每一位"的辛勤劳作;培育了一代又一代稚嫩年幼的孩童,使他们中的"每一位"都能以健康成长为起点,迈向充满希望的明天。从 20 世纪 80 年代幼儿园"整体教育"的研究到 90 年代"幼儿健康人格构建",从"0～3 岁婴幼儿早期关心和发展"项目到对"健康教育"课程的系统化思考及研究,在历任园长的精心治理下,幼儿园在传承中创新,在研究中深化,在行动中求实,在发展中跨越,并始终坚持守正弥新,不断追寻"健康"的真谛。

　　本书既是对上海市实验幼儿园文化发展脉络的传承与梳理,也是对上海市实验幼儿园当下教育方向的有益探索与深切思考,共分为五章。

　　第一章,回顾办园历程。我们梳理了上海市实验幼儿园 72 年的文化发展脉络,从 1952 年办园至今,历任园长的励精图治,如同上海市实验幼儿园发展之路上的明灯,指引着我们前行。我们始终致力于对学前教育的探索,注重在儿童发展规律的探索中塑造自身文化追求,以健康教育为主线推动儿童成长,实现对人的生命质量的持续关注,为未来社会培养人才。

第二章,厘清园所发展逻辑。应对新时代挑战,我们谨慎思考、从容面对,向后观照历史,向前持续探索。本着对人内在需求与发展规律的尊重,致力于文化品牌建设,优化顶层设计,为每一位幼儿的成长铺就一条充满文化温度的道路,引导他们走向更加美好的未来。

第三章,推动健康课程发展。我们在课程追求上不断向下扎根,向上生长,积极践行基于儿童立场的教育支持,以引发幼儿一日生活中的主动学习;不断开发拓展幼儿园课程资源,以提供幼儿全视角的成长支持,旨在促进幼儿健康地发展。

第四章,开放幼儿空间视角。我们从幼儿视角出发,积极创设立体、动态的空间,打破传统的静态思维模式,构建动态、互动的活动空间,优化课程实施;强调师幼共构,致力于师幼共生空间的优化与升级,培养幼儿成为健康、自信的个体,实现教育的全面、和谐发展。

第五章,共建儿童友好幼儿园。在大健康视域下,我们更关注每一位幼儿学习、探索、体验、表达的发展权利,重视提升每一位幼儿自主参与、积极管理、创造健康生活的权利。基于儿童友好理念,我们期待在"大健康"视域下重构幼儿活动空间,在日常教育实践中落实儿童的课程权利。

作为一所上海市实验性、示范性幼儿园,我们需要站稳我们的"根",更需要在前进中不断优化我们的"路"。在教育转型的当下,我们需要做好准备,在反复提炼与实践中深耕"健康教育"。在实施、探究、调整、深化"健康教育"课程的过程中,以促进公平和提升质效为时代主题,促进"健康教育"逐步走向全程、全域、全息、全面和现代化。任重而道远,上海市实验幼儿园将不忘初心、牢记使命、勇往直前、不负韶华,以更高远的历史站位、更宽广的国际视野、更深邃的战略眼光,践行"健康——成就'每一位'的美好人生"的理念,力求为幼教改革做出有高度、有个性、有温度、有成就的"实幼表达"!

# 目录

| 办园理念 | 健康——成就"每一位"的美好人生 |
|---|---|
| 实幼精神 | 承传统、实日常、求创新、做更强 |
| 课程理念 | 尊重健康权利,欢享健康生活,奠基健康人格 |
| 课程内涵 | 健康的教育,健康的生活,健康的人格 |
| 课程特点 | 重在"健康",凸显"儿童",强调"综合" |
| 幼儿培养目标 | 身体结实、情感真实、经验扎实、行为笃实 |

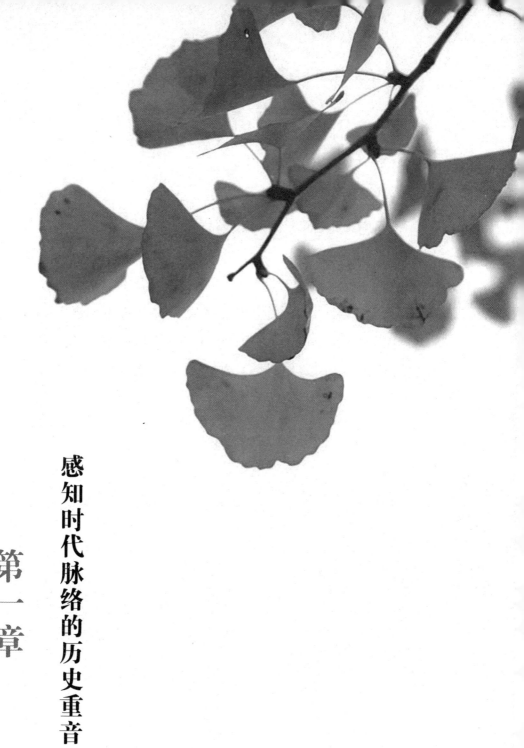

第一章

感知时代脉络的历史重音

七十余载时光荏苒,历史造就英雄。千帆过尽,回首相望,一段段文字诉不尽其中衷肠,一张张照片道不尽探索艰辛。一代又一代实幼人,薪火相传,接续研究,在幼儿园发展的历程中,留下一道道浓墨重彩的印记。

　　一座幼儿园就是一座满载历史记忆的博物馆,它的故事可以很短,短到数语概之,园址几迁,大事几何;它的故事可以很长,长到桃李天下,教诲难忘,铭恩永存。在时光中回想过往,在这片沉淀着教育养分的土壤中汲取前行的力量,追忆过往辉煌,希冀未来之光,让上海市实验幼儿园的教育底色永远闪亮!

# 第一节　寻踪觅迹：共忆办学历程的故事

七十余年来，有太多的身影值得我们仰望，有太多的故事闪耀着教育的光芒，最令人难忘的莫过于那一代代的园长们。是她们，带领着全体教师实现了从无到有、从有到优的跨越；是她们，不惧艰辛，在岗位上挥洒汗水与泪水，为孩子们营造了一个健康的乐园。七十余年的历史沿革是上海市实验幼儿园的文化塑造，数任园长的励精图治则呈现了一路向前的坚定足迹。

## 一、初创探索期(1952—1979 年)

1952 年，蒋孝蓥(任职于 1952—1977 年)受上海市教育局委派，成为曹杨新村第一幼儿园园长，即上海市实验幼儿园第一任园长。在蒋孝蓥的带领下，幼儿园实现了"从无到有"的新篇章。在那个时代下，蒋孝蓥以其独特的教育风采与卓越的教育智慧，为幼儿园长远的发展奠定了坚实的基础。1955 年，蒋孝蓥被评为"上海市劳动模范先进工作者"。1956 年，荣获"上海市幼儿园优秀教师"称号，时任上海市市长陈毅亲自为她颁发奖状与勋章。1957 年，曹杨新村第一幼儿园易名为上海市实验幼儿园。1960 年，幼儿园被评为"上海市文教系统社会主义建设先进集体"，蒋孝蓥作为上海市幼儿教师的代表，赴北京参加"全国文教系统社会主义建设群英会"，受到了毛主席与周总理的亲切接见，同年还被授予"超级园长"称号。

起初，只是源于"想办一所老百姓身边的好学校，解决工人孩子早期教育问题"的一个简单想法，而蒋孝蓥用了她的一生去追求更优，去实践更多，去走向更好，把自己的一生都奉献给了孩子和幼教事业。

上海市第一所工人新村幼儿园成立之初，一方面，许多工人群众对幼儿园的性质和任务并不了解，也没有考虑把孩子送到幼儿园接受学前教育；另一方面，随着工业化和城镇化的发展，许多家庭妇女需要外出工作，无法在家照顾孩子。既为了解决家长的后顾之忧，也为了让家长意识到早期教育的重要性，蒋孝毅上任后做的第一件事就是下里弄、进家庭，从传授育儿知识入手，向妈妈们宣传幼儿教育的重要性，同时又以优质的服务让她们全心投身于社会主义建设事业。当时闻名遐迩的全国劳动模范杨富珍、裔式娟等都曾得到过蒋孝毅的帮助，成为劳动妇女中的楷模。为了提高幼儿园的保教质量，蒋孝毅潜心研究幼儿保育和教育规律，为幼儿园环境创设和队伍建设作出了积极努力，使上海市实验幼儿园成为当时上海仅有的四所示范性幼儿园之一。

## 二、恢复调整期(1979—1989 年)

1979 年，阮惠英(任职于 1979—1989 年)就任园长后，立即开展了推进教育改革工作，关注"整体教育"的初步探索与实践。在她的领导下，相关课题曾获得上海市教育科研成果二等奖。阮惠英于 1989 年在国际幼儿教育研讨会上进行了交流。20 世纪 80 年代，幼儿园被评为上海市示范性幼儿园。1984 年，幼儿园获得"全国三八红旗集体"称号。1984 年，阮惠英当选为第五届全国妇女代表并赴京参会，同年荣获"全国优秀教师"称号。阮园长曾任普陀区教育局学前教育科科长。

在当时的背景下，幼教研究的重点以单科教学为主，倾向于关注知识的传递，活动过程多由教师主导，且较少考虑各科之间、幼儿园一日生活各环节之间以及各种教育手段之间的内在联系。基于此，阮惠英清晰地意识到：幼儿教育应该以幼儿为主体，教师为主导；应该关注幼儿的能力培养，这与幼儿知识的获得并不冲突；幼儿经验的获得不应仅限于一节课，而应贯穿于一日生活，甚至孕育于一段时间内。

在阮惠英的领导下，上海市实验幼儿园开始了"整体教育"的初步思考与实践。"整体教育"遵循以人性为出发点的教育理念，追求人性与理性两者之间的平衡，充分认识到了幼儿园课程、教育手段、一日活动之间的内在联系，站在新的高度全面地、综合地、整体地研究如何对幼儿进行全面发展教育。阮园长常如此形容：以往常常是"教师讲，幼儿听"，教师画一条鱼，告诉幼儿这是鱼的头，这是鱼的身体，这是鱼的眼睛，等等。我们则会尝试在每张桌子上摆上一个鱼缸，让幼儿自主观察、表达。每个孩子都有自己观察的角度，表达的内容也各不相同。有的说鱼一直在吐泡泡，有的说鱼好像并没有动……幼儿园的午餐有鱼，有的幼儿回家后还能接着观察家里的鱼。如此，与鱼相关的教学不再局限于一节课,这让幼儿对鱼的认识变得不再是被动地接受了。

## 三、内涵发展期(1989—2006 年)

20 世纪 90 年代,陆秀圳(任职于 1989—1999 年)提出了"建构幼儿健康人格"的构想,并在课程层面展开了实验研究。她主张"重视幼儿心理健康教育",并按学科分别编写了融合心理健康教育的活动案例,出版了《塑造幼儿的健康人格》一书。

陆秀圳认为,教育应面向未来,重视培养幼儿健全的人格,适应社会变化,并协调社会关系。因此,她强调早期儿童健康人格的构建,要及早纠正儿童心理发展过程中的不良倾向,把自尊、自信、自控、独立性、责任感、社会交往能力以及创造精神等作为重要的教育目标。

在长期的教育实践中,陆秀圳深刻认识到幼儿人格教育应贯穿于幼儿园活动的各个环节,并需要与家长及社会各界紧密配合、协调一致。在这一理念的指导下,上海市实验幼儿园开展了课题"幼儿人格教育"的研究。鉴于幼儿心理的正常发展、问题行为和心理障碍常与家庭教育密切相关,于是,上海市实验幼儿园尝试与家庭合作,对幼儿的行为进行早期指导、干预和纠正,促进幼儿智力、情感、意志和行为的协调发展。

21 世纪初,何敬红(任职于 1999—2006 年)接任园长,参与全国教育科学规划"九五"重点科研项目,并出版了《建构幼儿健康人格》一书,同时在全市率先开展了"0~3 岁婴幼儿早期关心和发展"的教育实践研究。她深入社区,为散居婴幼儿家庭的家长提供科学育儿指导,形成了《家园养育指导手册》《婴托班教养——教师指导手册》等实践成果(随后成为本市颇有知名度的实验项目),并荣获"全国优秀教师"荣誉称号。

当时,教育改革越来越提倡"以人为本"的发展理念。这使何敬红深刻意识到,长期以来形成的由托幼机构负责教育培养孩子的单一格局需要被打破,取而代之的应是一种新型的教育教养关系,即整合学前教育机构、社会和家庭的资源,共同优化婴幼儿身心发展的环境。这意味着除了学前教育机构外,家长、儿童监护人和社区也应承担起婴幼儿早期教育的责任,这就需要加强彼此的合作与互动,共同了解和掌握有关儿童早期教育的策略和方法,促进对 0~3 岁婴幼儿的早期关心和早期教育。

在何敬红的带领下,上海市实验幼儿园创新性地开拓了三个"率先":率先进行2岁托班教养模式的研究;率先成为全市第一家探索18个月婴托班在园教养模式的幼儿园;率先实践全市第一家由专业教师担纲的、提供0~17个月婴幼儿"上门服务"的指导项目。上海市实验幼儿园还承接了普陀区早教中心的工作,对全区教师进行早教培训,培训人员多达1200人,并建立上海市实验幼儿园网站,将科学育儿知识和经验辐射到社区,延伸到家庭。同时,成立"上门服务队",让教师走出校门,走进家门进行个别化早教指导。在教育环境上,上海市实验幼儿园从婴幼儿成长环境着手,分别创设了0~17个月、18~24个月婴幼儿的成长环境示范屋,引导家长正视育儿理念,改变育儿方式。在关注安全、关注舒适、关注方便、关注个性化方面上,我园进行了环境创设的深层次探索,在社会上引起了广泛关注和好评。在教育方式上,我园重视幼儿认知发展,注重个体早期社会性、人格发展,尤其关注幼儿交往、行为、情感情绪和个性品质等方面的发展,通过整合网站多个教育板块("亲子教育""健康咨询""营养宝典""向您推荐""育儿知识""示范讲座""各类沙龙"等),为婴幼儿提供科学的社会性人格教育指导。

上海市实验幼儿园的0~3岁早教研究在上海乃至全国居于领先地位,具有可操作性,多次在市级层面进行成果交流,并接待了多达23个地区的国内同行、9个国家的外国同行,开创了早期教育的"家园共育"模式的先河。

### 四、实践优化期(2006年至今)

2006年开始,邵乃济(任职于2006—2016年)带领实幼人从传承、实践、创新的角度出发,提出了"提升每一位婴幼儿健康生活品质"的办园理念,对上海市实验幼儿园课程进行了顶层设计,架构了融健康教育课程、健康保障、健康服务和健康评价于一体的综合性幼儿园健康教育课程系统,研发了"田野活动"和"情绪课程",进一步丰富和充实了健康教育的内涵,确立了幼儿园健康教育的课程品牌,在推动上海市实验幼儿园持续发展与卓越发展方面迈出了新的步伐。

邵乃济提出的课程顶层设计强调课程正确的价值取向,全面掌握课程结构与组成部分,并关注课程要素之间的相互关系,统筹协调课程在发展过程中有效落实的系统思维方式的呈现。这是对某一地区、某一园所通过怎样的路径去推进儿童获得成长的阐述,也是一所有思想、有作为、有自身独特价值的品牌幼儿园的名片,更是每一位幼儿成长与持续发展的逻辑起点。邵乃济将上海市实验幼儿园的健康教育课程定位于行动研究领域,即它是只有开始、没有终结,由教职员工、幼儿、家长、社会共同参与,围绕 3～6 岁婴幼儿的一日生活,关注各类影响婴幼儿身心健康的基本要素,满足健康快乐的发展需求,所采取的融健康教育课程、健康服务和健康评价为一体的持续行动。其目标是追求幼儿全面、和谐且持续的身心健康发展,具有开阔的视野,且面向未来。

在文化建设上,邵乃济提出建设和谐的校园文化。其实质是"尊重规律",即尊重人内在需求的规律、尊重人发展的规律,而"尊重"的目的并不是放任自流,而是更好地促进人的健康和有效发展,进而办好学校,发展学校。要推进和谐校园的建设,除了加强民主管理,更重要的是形成能够为全体教师所认可和遵循的价值取向,使之成为全园教师的愿景和行动。"和谐"不仅仅是一种外显的表征行为,还包括了人与人心灵的呼应、情感的交融和行为的相互支持,对内以"以孩子发展为本"的专业视角促进干群关系、人际关系的和谐,对外提高家长对儿童发展规律的科学认识,促进家园关系的和谐。

邵乃济于 2007 年被评为上海市特级园长,2009 年获得上海市特级教师的殊荣,2016 年被评为上海市首批正高级教师。在邵园长的带领下,"协商式早教指导方案的研究"和"幼儿园健康教育课程架构与实践研究"分别于 2007 年、2008 年被列为市级课题。两项课题连续获得上海市教育科研成果二等奖。同时,编著出版了《播种"健康"——上海市实验幼儿园健康教育课程领导篇》《播种"健康"——上海市实验幼儿园健康教育课程实施篇》《材料是可以这样运用的——"低成本、高质量"材料在幼儿活动中投放运用的实例研究》《"协商"活动中的我、你、他》等著作。

作为教育部"以园为本教研制度建设"项目基地园,上海市实验幼儿园连续两次向全国开放现场活动。由幼儿园承担的"教师成长手册园本化实施"课题荣获上海市项目一等奖,其中"走进课堂"等一批研究项目连续三届获得普陀区教育科研成果一等奖;2011 年,上海市实验幼儿园被英国驻沪领事馆授予中国幼儿园唯一的一个"校际交流奖";2013 年,上海市实验幼儿园的健康教育实践活动在第 65 届世界学前教育组织(OMEP)国际学术研讨会上作现场展示;幼儿园被评为"上海市教师专业化发展优秀示范园"。

2016年起,顾英姿(任职于2016—2023年)从学校治理现代化的视角出发,以幼儿园治理能力现代化为核心,以幼儿、教师、家庭、社会为"顶角",形成了一个理念认同、行为协同、同向同心、同频共振的"健康一家"治理共同体。顾英姿把握了当下健康教育的共育背景,建立起一个双向互动的健康教育平台,通过不定期在平台上更新与分享各类原创健康教育文章,打破家庭与幼儿园的互动壁垒,关注每一位孩子的发展,并基于园本课程的个性化家园互动,为每个幼儿提供"适合的教育"。

顾英姿主持的"基于'健康教育'课程的个性化家园互动实践研究"获得中国创造学会创造教育专业委员会第五届创造教育研究成果一等奖。2021年,顾英姿获得"上海市中小学优秀校(园)长"的荣誉称号。

2023年,俞文珺上任上海市实验幼儿园园长,同年荣获"上海市特级教师"称号。

上任伊始,她怀揣着对每一位孩子负责、对每一位教师尊重、对教育工作谨慎认真的态度,全面梳理了上海市实验幼儿园71年来的发展历程。通过大量走访调研、翻阅档案、报纸、园史等资料记录,深入挖掘了上海市实验幼儿园的文化根脉,系统了解了幼儿园发展历史,回顾汇编了前几任园长在任期间的教育事迹与文化理念,以求厘清幼儿园发展脉络,接过历史的接力棒,不负前人所托,让幼儿园发展更好。回到当下,她与每一位幼儿园教师进行了深入沟通,认真倾听了他们的心声与想法,了解到他们对未来的期许与展望,期待着以共同愿景促上海市实验幼儿园的美好明天。

秉持着"健康——成就'每一位'的美好人生"的办园理念,基于自身对"健康教育"堵点和难点的审思,意识到空间重构势必改变幼儿的学习方式,冲击教师的教育理念与行为。可视化记录可以很好地展现幼儿的想法、追随幼儿的兴趣,其作为抓手能够以小见大地推动保教质量的跃升。于是,借助上海市第四期课程领导力种子校的契机,带领幼儿园教师申报并获批确立了"大健康视域下,幼儿活动空间重构的行动研究"和"可视化记录,支持幼儿主动学习"两个项目。项目着眼于大健康视域下幼儿园空间的整体重构,旨在思考课程质量如何在过程中优化,深度探讨课程实施质量与活动空间内涵逻辑的关联,以确保每一位儿童都能享有高质量的健康课程体验,充分体现儿童的视角和权利。

　　一群幸福的老师,带出一群快乐的孩子;一群快乐的孩子,温馨了万千个幸福的家庭。上海市实验幼儿园教育的光芒在七十余年的时光长河中经久不衰,始终明亮,那亮光穿透时光的迷雾,照耀今人心堂,其背后的支撑是一代又一代实幼人迈步前进的文化底气与不断传承积累的文化力量。

　　办园伊始,我们就凭借着一颗"想为百姓办一所满意的学校"的初心开展教育实践。数十年来,这颗初心愈加清晰明亮。我们始终坚守对学前教育的探索,注重在儿童发展规律的探索中形成自己的文化追求,以健康教育为主线推动儿童成长,实现对人的生命质量的持续关注,为未来社会培养人才。在时光的长河中,这些信念与追求交织生长,被全体教师广泛认同并化作自觉行动,通过课程渗透于教育教学的每一处细节,筑成上海市实验幼儿园发展核心中的血肉与灵魂。尽管在不同时代下,文化标准与行动定位有所变化,但文化实践的初衷与本质却始终如一。

# 第二节　初心不改:共绘传承发展的蓝图

　　七十余载春秋沉淀与历练,见证了一代又一代孩子们的成长。我们立足于当下,初心不改,携手共绘蓝图。这既是一份责任,更是一份承诺。实幼人以共同的梦想和奋斗为纽带,致力于为孩子们打造一个温馨、智慧的健康家园。

## 一、坚守教育的初心

### (一)价值认同——提升幼儿健康生活的品质

　　上海市实验幼儿园办园历史悠久,文化底蕴深厚。对于文化建设,我们要:有共识更要有行动,有骨架更要有血肉,有继承更要有创新。

　　1. 先进科学的办学理念是文化之魂

　　在国家、上海市和普陀区教育事业发展中长期规划的引领下,我们确立了以"提升每一位婴幼儿健康生活品质"为核心的办园理念,把"欢享健康生活、奠基健康人格、成就健康人生"作为上海市实验幼儿园的课程文化标记,以创建"全年龄、多方位、广服务的,具有全球化意识、现代化水准的一流的婴幼儿乐园"为办园宗旨。深化了对"健康教育"的内涵认识:以每一位婴幼儿为本,让每一位婴幼儿欢乐地享受与其年龄段相适应的健康生活,满足其个体的生理、心理发展需求,在安全、和谐、健康的环境中全面发展;尊重每一位婴幼儿身心发展的规律,推进其在"共同生活、探索世界、表达表现"中奠基健康人格;立足于每一位婴幼儿的未来发展,赋予机会,赋予意义,成就真、善、美的健康人生。

**2. 深厚浓郁的实幼精神是文化核心**

在实践中,我们积极倡导"承传统、实日常、求创新、做更好"的实幼精神。此语看似平淡简单,但意蕴深远。它既反映了上海市实验幼儿园的过去,又对幼儿园当前的工作提出了要求,还为幼儿园的未来发展确定了奋进的基调。实幼精神已经成为全园干部、教师育人的共识和追求。这些信念支配着教工的行为方式,引导幼儿园的教工关注孩子,关注自身的专业发展,关注幼儿园保教质量的提高,关注幼儿园的持续发展。我们把"健康教育"的理念落实在幼儿园的所有工作之中,整合在外显和内隐的一切环境之中,渗透在所有教工和家长的行为之中。

**3. 特色突出的发展之路是文化重点**

我们觉得,要从幼儿园课程系统的日常运作中去构筑实幼文化,深化教职工对学校文化常规的认同和习惯的养成,以教工团队的文化自觉和行动来保障健康教育的有效实施。

(1) 历史文化建设凸显"情"

满怀深情地尊重历史,感恩过去;充满激情地传承创新,憧憬未来。通过核心价值的引领,培育人的道德素养、人文精神、团队意识和信念情操。从领导层做起,发挥榜样作用;从中层团队抓起,树立表率作用;从群众实际出发,清源活润。引发文化觉醒,参与文化建设,感受文化内涵,体悟文化真谛。通过学习、宣传和践行社会主义核心价值体系，领会幼儿园办园的核心价值。

（2）课程文化建设打造"精"

持续推进课改，凸显办园特色，执着地打造、完善"健康教育课程"品牌，挖掘"品牌"的深度，积淀"品牌"的厚度，精研"品牌"的效度，拓展"品牌"的广度，做成"精品"课程。在课程文化建设与"创先争优"活动之间形成有机连接，做到"三个结合"（将日常课程实施与"创先争优"相结合，将能让群众与单位共赢的业绩与"创先争优"活动相结合，将"追求卓越的实际行动"与"创先争优"相结合），静下心来打磨"健康教育课程"品牌。

（3）健康文化建设聚焦"行"

倡导大气友善的为人处世风格，规范行为准则，加强行为自觉。群众的健康心理和行为方式在很大程度上受到领导行为的影响。我们坚持营造"开放、民主、担当、育人"的文化氛围，继续以"项目制"的实施引领群众在参与幼儿园工作项目实施的过程中感受民主、践行民主和推进民主。通过"一会两委"制度保障群众的权益，让每一位教工以良好、健康的心态和行为保障每一位孩子身心健康的发展。

**（二）育人有道——以幼儿发展为所有之根本**

实验幼儿园的育人目标是四个"实"，即：身体结实，情感真实，经验扎实，行为笃实。

身体结实，即幼儿能保持良好体格与体态，达到与其年龄段相符的生理指标，养成良好的卫生、膳食、生活习惯，喜爱运动，发展身体动作的协调性，并具备初步的自我保护与运动能力。

情感真实，即幼儿善于感知、表达真实的情绪，愿意与人交往和沟通，具有初步理解、表达和调整情绪的能力。

经验扎实，即幼儿懂得好奇好问、积极探索，乐于与他人交往、互动、分享，习得基本的健康知识，能在各项活动中自主学习、体验、积累、迁移、应用知识与经验，有自己的发现、理解、表达和创造，初晓健康与自己和生活的关系，具有良好的社会适应能力。

行为笃实，即幼儿亲近自然，热爱生活，行为得体，遵守规则，富有礼貌，诚实守信，常规生活能自理，愿意帮助他人，并具有基本的道德认知，能在行动上有所体现。

幼儿园始终坚持健康教育，以幼儿发展为本，遵循幼儿在活动中感知、体验、实践的原则，在探究过程中提升自我健康认知。

**（三）特色传承——深蕴师幼之间的教育情怀**

本园的办学特色在于实施融健康保障、健康服务、健康教育和健康评价于一体的健康教育课程。其主要特点如下：

**1. 重在"健康"**

满足每位孩子享受健康服务、健康环境和健康教育的基本权利，保障孩子与其年龄段相应的身心安全和健康，为孩子现时和未来的健康生活奠定良好的基础。

**2. 凸显"儿童"**

每一位儿童——是指每一位儿童获得的机会是均等的，是符合其年龄段身心发展规律并兼顾不同经验水平的。

不同的儿童——是指尊重儿童与生俱来的诸多差异，注重环境及教育的影响给儿童带来的适宜发展。

未来的儿童——是指谋求为儿童的未来发展、终身发展奠基的教育，既建立在儿童自身经验基础上的情感、认知、能力、社会性的建构及其全面、和谐、健康的发展。

**3. 强调"综合"**

"健康教育"的目标包含对儿童生理和心理健康的保障和服务，是全面、全程、全员、全方位的。

"健康教育"的内容应综合、追随幼儿生活经验又螺旋形上升并回归幼儿的健康生活。

"健康教育"的学习，是在主题背景下，采用融合、自主体验等方式，以生活、运动、学习、游戏的形态交互、交织呈现于幼儿的一日生活之中。

## 二、传递美好的力量

在上海市实验幼儿园深厚的文化滋养下，我们的教师得以明确自己前进的方向，成为独立的个体，将所思所想付诸实际行动，并在实践中不断提高实施的能力。在实幼文化追求的主旋律下，教师们纷纷展现个人魅力与光彩，为整个园区的发展注入生机与活力。

72 年中,上海市实验幼儿园的每一位教师都以幼儿发展为己任,以为百姓服务为宗旨,以为国家育人为天职,承载着数万家庭的希望和梦想,怀着满腔热情,在各自的岗位上兢兢业业地耕耘。藏于心中的教育情愫透过一枚枚教育勋章的实绩,不断表达着、倾诉着——全国教育部劳动模范、全国优秀教师、首届全国五讲四美为人师表优秀教师、上海市正高级教师、上海市特级教师、上海市优秀教育工作者、上海市中小学优秀校园长、上海市园丁奖、上海市金爱心教师一等奖、上海市中小学(幼儿园)中青年教师教学评选活动一等奖、上海市卫生工作先进工作者、上海市中小学(幼儿园)后勤管理与服务先进工作者"孺子牛"奖、普陀区教育系统十佳青年教师、普陀区中小学(幼儿园)见习教师规范化培训"优秀指导教师"、普陀区青年英才、普陀区青年岗位能手⋯⋯

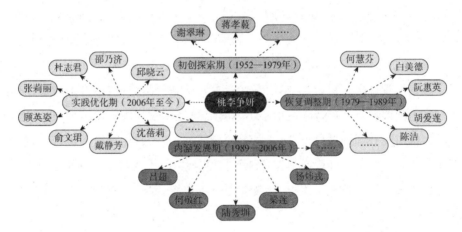

光影流年,时光荏苒。这片热土承载着太多太多教师的贡献与付出。他们以立德树人为根本,默默耕耘,虔诚地将健康育人的接力棒一代代传递。有无数可爱且可敬的实幼人在此过程中不断涌现出来,做教育的坚守者与追求者。回望当下,前人的光也将始终照耀我们心堂。这样的光芒将持续激励更多真诚、优秀的同行者们奔赴前行。

**(一)秉承初心,专业敬业——戴静芳**

戴静芳 2001 年从华东师范大学毕业后,怀揣着梦想来到上海市实验幼儿园,已荣获上海市第十一届金爱心教师、上海市园丁奖等荣誉,现为中学高级教师职称。

戴老师认为自己得先要有"一桶水",然后才能给予孩子们更多的养分,且只有在实践教学中、在孩子身上，有效应用、延伸教育理论才是关键。她始终坚持高标准、严要求，虚心向有教学经验的老教师学习，主动要求老教师观摩自己的活动并给予指导，在日复一日的实践活动中不断打磨教学，不断充实和丰富自己。在慢慢结合自身优势的过程中，她逐渐形成了自己的教育风格。

戴老师在音乐领域拥有专业特长，因此，她特别重视对孩子们的艺术教育。她专注于音乐教学研究，《音乐游戏，还可以这样玩》和《疯狂音乐家》收录于《一路前行——应彩云名师基地成果集》；《情境性音乐教育活动中师幼互动的策略研究》发表于《普陀教育》。勤思考、肯钻研，让戴老师迅速成长为一名优秀的、具有专业特长的青年骨干教师。

2010年，在"普陀杯"教师专业能力评优活动中，戴老师脱颖而出，获得了一等奖；2013年，她在上海市中小学（幼儿园）中青年教师教学评选活动中荣获一等奖，并被评为"普陀区青年英才"。在邵园长的指导下，戴老师的教育功底日益扎实，教学心得日渐丰富，已成为上海市实验幼儿园的名师。

在走上管理岗位后，戴老师依然保持着勤奋钻研的精神，致力于教研工作。作为骨干教师和上海市普陀区中小学（幼儿园）见习教师规范化培训"优秀指导教师"，她对新教师同样付出着自己的爱心和耐心。为避免新教师走弯路，戴老师将自己多年的宝贵经验毫无保留地传授给新教师，帮助他们逐步成长。

作为大教研组长兼年级组长，戴老师以身作则，多次承担开放活动。在"双名工程"名师基地（学前）活动、学前教研室展示活动中，戴老师多次开展半日活动、公开教学、教研活动展示等，并赢得专家和领导的一致好评。她还被评为"十三五"期间普陀区幼儿园优秀大教研组长。

虽然承担着忙碌的教研工作，但是戴老师依旧用她的爱心和耐心关注着班级每一个孩子的健康发展。她认为，亲近幼儿、走进幼儿，是完成本职工作的根本保障。在教学中，她关注幼儿的年龄特点和兴趣点，采用灵活多样的教学方法，营造平等和谐、活跃有序的学习氛围。

"唯有主动付出，才有丰盈的果实得以收获。世间任何事，只要你倾注全部热情，用心去做，总会有丰厚的回报。"这是戴老师心中始终不变的信念。收获无数荣誉后，戴老师还是谦逊地说："感谢上海市实验幼儿园提供的平台，感谢同伴们的帮助，我才可以大胆地尝试，才可以梦想成真。"

无论是作为一线老师，还是在管理岗位上，戴老师始终秉承对教育的初心，坚定而开朗地走在教育这条路上。她谱写的音符虽简单，却悠扬、温馨而深情；她从事的工作虽平凡，却令她骄傲、自豪。她的故事，也将激励更多的实幼人实现美好未来。

**（二）默默耕耘，守护花开——沈蓓莉**

1999 年来到上海市实验幼儿园的沈蓓莉，是一级教师、普陀区教学能手。她曾荣获上海市园丁奖、上海市第十届金爱心教师一等奖、上海市"我心目中的好老师"、上海市中小学（幼儿园）见习教师规范化"优秀指导教师"等荣誉称号。

沈老师在教育一线全情付出，用真挚的爱心谱写了一份份爱的篇章。在 20 多年的教育工作中，她恪尽职守，全心全意地投入其中。她是孩子们眼中可亲可爱的沈老师，是家长们心中细致负责的沈老师，是同事们口中勤劳能干的沈老师，是领导心中认真靠谱的沈老师。幼教工作平凡而繁琐，她始终不忘初心，把"爱的教育"作为她的工作宗旨。在孩子流泪时，她将他们拥入怀中；在孩子开心时，她与他们共同欢笑；在孩子不适时，她给予其悉心照料，始终用微笑温暖每一位孩子。

在沈老师的教育生涯中，有这样一个特殊的小女孩——依依。依依是一个有自闭倾向的孩子。刚入园时，依依就表现得与其他孩子大不相同。无论是老师还是同伴与她交谈，她都没有任何反应；吃饭时，她常将饭菜弄得满桌满地；午睡时，她突然的尖叫声会打破宁静；放学时，她会瘫坐在地上不起来，任凭年迈的爷爷奶奶连哄带劝也无济于事。面对这样的孩子，沈老师只有一个简单的想法：用自己全部的爱去感染她。为了让依依感受集体的温暖，沈老师通过自身的言行让班上的每个孩子都明白：依依是我们的小妹妹，我们应该包容她、帮助她，并原谅她的过错。在沈老师正确的引导下，所有孩子都欣然接受了依依，使她在充满爱的环境中成长。看着孩子们脸上绽放的笑容，沈老师心中充满了甜蜜。此刻的她，真真切切体会到作为实幼人的自豪。

为了让依依能像正常孩子一样，沈老师主动向园领导表示，希望能一直带依依直至她大班毕业。为此，当时已年过三十的沈老师推迟了怀孕计划。这一决定也让家人难以接受。尽管如此，沈老师坚持了整整三年。最终，她的行为感动了家人，他们理解了沈老师的良苦用心。家人认为，能在爱的名义下，如此用心地关照他人的孩子，沈老师未来一定会成为一位了不起的母亲。当依依在大班毕业时，她的行为已逐渐正常。专业医师也表示，依依基本康复，具备自我发展的能力。沈老师一直牵挂的心终于放下，看到毕业典礼上，依依和其他孩子一样戴着毕业帽、朗诵毕业诗，她不禁流下了幸福的泪水。

数不清多少次，被来园时不肯离开父母的孩子"拳打脚踢"；数不清多少次，抱着孩子耐心地一对一倾听；数不清多少次为熟睡的孩子拭去额角的汗水；数不清多少次，加班加点为孩子制作有趣的玩具；数不清多少次，剪辑孩子们的照片视频到深夜……她在与孩子们朝夕相处共同生活的日子里，有悲也有喜，有累也有汗，但更多的是快乐与幸福。

沈老师始终认为"感人心者，莫先乎情"。她始终坚持用欣赏的眼光看待每一位孩子，蹲下来与孩子一起游戏，让孩子感受幼儿园的温馨，享受教师和同伴的陪伴。

在上海市实验幼儿园工作的二十多年里，沈蓓莉老师在精心培养孩子的同时，也在用爱书写着一首首爱的诗篇。她有"梅花香自苦寒来"的认真执着，也有"秋水与长天共一色"的广阔视野，更有"相看两不厌，唯有我学生"的拳拳爱心。相信她的教育青春会在爱的名义下常驻幼儿心间。

### （三）志在我心，愿伴你行——志愿者服务队

上海市实验幼儿园志愿者服务队成立于 2008 年，它是由幼儿园党支部牵头，全体教工参与的一支志愿者服务队。全体教职工完成了上海市志愿者网的注册。志愿服务队以"公益践行，为民服务"为活动抓手，以"志在我心，愿伴你行"为服务品牌，推动志愿服务制度化、项目化、常态化。通过科学育儿指导项目、健康公益早教、阳光之家助残、"彩虹湾"病房学校、平安校园等项目，服务于社会、服务于群众，不断提升志愿服务辐射面，进一步打造有影响力和活跃度的校园志愿服务品牌。

### 与爱"童"行，健康成长

上海市实验幼儿园家庭科学育儿指导小组每月会开展公益早教活动，并进行"六次抢鲜看"《亲子乐园》周末版直播。多年来，依托小程序建设了"实在健康"互动平台，设计并建成了包括积极情绪、健康生活、亲子运动、主题课程等

108门课程的健康课程资源库。这些资源旨在指导家长开展高质量的科学育儿活动,让科学育儿指导走进每一个家庭,专业守护每一个孩子健康成长。由此,上海市实验幼儿园获得了上海市家庭科学育儿指导共建资源先进集体、上海市普陀区模范集体、普陀区科学育儿指导站优秀单位等殊荣。

### 拥抱"彩虹",关心患儿

志愿者服务队积极开展"教育童行·i在彩虹湾"项目,每学期赴上海市儿童医院"彩虹湾病房学校"开展丰富多彩的志愿活动。志愿者们根据医院患儿情况制订学习计划,准备有趣的教学玩具,以结合趣味横生的操作关心患儿的情感体验,帮助患儿坚定战胜疾病的勇气。2023年3月20日,题为"开在儿童医院病房里的学校"的文章由中国青年报报道;2023年11月10日,题为"与爱同行,相伴成长"的文章由"文明普陀"报道。

### 温暖"阳光",帮困助残

志愿者服务队坚持每月前往曹杨新村街道的"阳光之家"开展志愿服务活动。志愿者们精心制订服务计划,并结合时下热点和特色节日,开展学员们感兴趣的活动,如"喜迎国庆,爱在阳光下""与幸福同行,共度女神节""学习雷锋精神,爱在阳光之下",以确保志愿服务既有针对性又充满特色。

### 守护"平安",服务家园

每天来离园时段,服务队的志愿者们总会准时出现在校门口、长廊边,与孩子们亲切地打招呼,守护每个孩子安全到班、平安归家。

上海市实验幼儿园志愿者服务队的每位成员在践行志愿服务"奉献、友爱、互助、进步"这一志愿服务精神的同时,始终坚持初心,追求"志在我心,愿伴你行",以积极的面貌和热情的态度致力于志愿服务,为社会贡献力量。

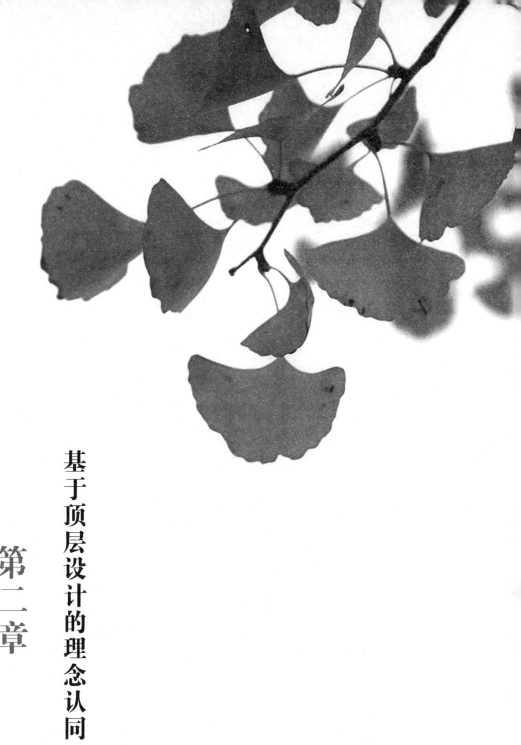

第二章　基于顶层设计的理念认同

以前人之光照亮远行的路,在文化中凝练价值所向。七十余年文化脉络传承,接过历史的接力棒,站在新起点与新高度,我们谨慎思考、从容面对,厘清幼儿园发展逻辑,顺应新时代变化,在办园思考中绽放文化魅力,在文化标识中凝聚价值追求,从而打造健康教育课程品牌。

# 第一节　文化品牌建设的创意设计

刘占兰(2019)指出,应对幼儿园发展史或长期经验积累进行充分分析与讨论,与幼儿园其他管理者和教师团队达成共识,使幼儿园的发展方向深植历史的渊源和共同智慧培植的沃土。幼儿园的特色创建必须是园长、教职工以及家长共同形成的愿景,应体现科学性、优质性及整体性三大特征。上海市实验幼儿园将持续向前观照历史,向后探索创新,致力于在文化品牌建设中,为每一个孩子的成长铺就一条充满文化气息的道路,引导他们走向更加美好的未来。

## 一、在办园思考中绽放文化魅力

实幼文化的根本是"尊重规律",即尊重人内在需求的规律,尊重人发展的规律。尊重的目的并不是放任自流,是为了更好地促进人的健康和有效发展。

### (一) 上海市实验幼儿园发展沿革的文化之思

七十余年耕耘,几位园长不断在实践中改革,在改革中发展,一直以"为百姓提供优质的教育"为目标,走出了一条彰显幼儿园特点的文化之路。

#### 1. 有共识更要有行动

先进科学的办学理念是培育铸造"学校文化"之魂。学校文化应该是什么?必须首先思考"学校教育是什么""学校的本质是什么""学校的功能是什么"等关乎学校本质的问题。在国家、上海市和普陀区教育的中长期规划引领下,我们确立了以"提升每一位婴幼儿健康生活品质"为核心的办园理念,把"欢享健康生活、奠基健康人格、成就健康人生"作为上海市实验幼儿园的文化标记,诠释了其内涵要素——提升每一位婴幼儿健康生活的品质。我们提出创建"全年龄、多方位、广服务的,具有全球化意识、现代化水准的一流的婴幼儿乐园"的办园目标。

通过两轮规划的实施,这些显性的文字表达和符号表征逐渐成为一种价值认同和行事方式，成为实幼人的行动特征。办园的文化之"魂"仅仅是个开始，我们已确立重点项目，并组织研究落实，以丰富上海市实验幼儿园的文化内核，提升幼儿园的文化品质。

例如，在 2009—2011 年规划中我们确立了"一线两翼"课题。该课题使幼儿园所有课程实现了有机联系和全面统整，促使全园教职工聚焦目标，强化特色，进行更有目标、系统的课程管理与实践。幼儿园逐渐走上了有共同方向、共同愿景、共同追求的发展之路。

其主要项目包括："幼儿园健康教育课程的实践研究"（作为"一线"的核心课题，为区级重点立项课题，并完成两本课程用书）；"协商式早教指导实施方案的研究""两翼"之一——市级立项课题，已获上海市第十届教育科研成果改革实验类二等奖）；"促进幼儿健康情绪发展的绘本教材园本化开发与实施研究"（两翼之一——区级重点立项课题，已获普陀区教育科研成果奖和区教育学院教科研成果一等奖）。

又如，在 2012—2015 年规划中确立了"一环两射"重点实验项目。其中"一环"是指"幼儿园健康教育课程架构与实施的研究"（市级立项，获第十一届上海市教育科研成果奖），"两射"分别指"选用'儿童健康档案'的素材开展 5～6 岁儿童健康自我认知的实践研究""健康教育'家园互动案例研究"。在"一线两翼"的基础上，"一环两射"更聚焦内涵、聚焦实践，实现了幼儿园从管理到课程，从园内到家庭的全方位整合。幼儿园全体教职工的发展更专业、自觉且和谐，幼儿园迈上了可持续发展的健康之路。

2. 有骨架更要有血肉

善思敏行的实幼精神引领着"学校文化"的践行之路。有了共同愿景之后的学校文化，还必须关注作为文化表征的行事方式。这种行事方式既是一种行为导航，又是一种意义认同。上海市实验幼儿园的行为方式应该从哪里提炼，又如何成为易懂能记、朗朗上口的标识呢？我们认为，对历史最权威的解读者无疑是亲历和见证历史的人们；同样，对学校精神表述最有发言权的也是亲历、见证学校成长与发展的人们。我们开展了向全体教职工征集实幼精神用语的活动，对征集到的几十条用语进行筛选、斟酌和提炼，最终形成了"承传统、实日常、求创新、做更好"的实幼精神用语。12 个字看似简单，其实意义深厚。

第一，我们从幼儿园所处的阶段和它的发展史来看。一方面，我们需要厚植中国传统文化的内涵精神，提炼并内化精品课程经验。中国传统文化的内涵精神是幼儿的成长基因和血脉灵魂，应深深融入幼儿园的发展史（随时间推移和时代变迁而与时俱进），体现幼儿园内在的价值取向和价值追求，展现在幼儿园工作各个层面。幼儿园需要进一步思考集中体现民族精神与幼儿园特色的统一、历史传承与时代进步的统一、内在价值与外在形象的统一关系，将中国传统文化的内涵与精神内化于心、外化于行，并融于课程，将健康教育课程做精、做强、做深。另一方面，上海市实验幼儿园是一所有着七十余年光荣历史的老牌示范园，历任园长都是先进模范的代表和改革实验的先锋。从 20 世纪 80 年代的幼儿园"整体教育"的研究到 90 年代的"幼儿健康人格构建"，从 0～3 岁婴幼儿早期关心项目到对"健康教育"的系统化思考及研究，每一步都围绕着"提升每一位孩子健康生活的品质"在努力、在实践、在梳理、在提炼，着力提升幼儿健康生活品质。上海市实验幼儿园不断深入学习贯彻新时代文件精神和指南文件的核心要义，努力提高幼儿园工作的前瞻性、创造性、实效性，以高度的自觉狠抓落实，找准实施推进的着力点，加强整体规划、整体设计，把方方面面的资源和力量调动起来，强化资源配置上的制度控制，把无形要素转化为有形力量，开展增效性评价，坚持儿童立场，聚焦提升师幼学习工作生活的幸福感，使教育服务有温度、学习体验更灵活，切实提升每一位幼儿的健康生活品质。要体现一所示范性幼儿园创新进取、追求卓越的勇气和行动，传承和创新应该成为实幼精神的核心要素。

第二，幼儿园精神必须直面幼儿园实际，在事实中考察。上海市实验幼儿园需要审思健康教育的时代命题，擦亮健康教育品牌底色。为此，必须主动适应社会和幼儿发展的需求，开展新措施、新技术、新模式的实践。在办学理念、育人目标、课程建设、保教过程、师资队伍、校园文化、资源保障等方面凸显健康教育特质，以坚持促进每一位幼儿健康成长的发展为导向，重视普适性，关注普惠性，全面推进幼儿园健康教育理念与实践的发展。抓牢新机遇，积极参与市级和区级攻坚试点项目，充分用好平台资源，不断增强健康教育品牌影响力。

幼儿园如何回归教育的本源，为每个孩子的健康、快乐、和谐、全面发展提供服务，并将为社会提供服务作为日常基本的工作常态呢？从某种意义上讲，幼儿园文化的提炼就是对教职工的行为和幼儿园的各种事与物在现行幼儿园生活模式中所"扮演的角色"的分析、概括与表达。因此,我们提出了"实日常,做更强"的表述,旨在提醒每一位教职工从每一天做起,以做好每一个细节来提升幼儿的生活品质。切不可以"名园""大园"自居,要通过365天的精心服务来打造名副其实的优质,要以自身的言行为幼儿园贴"金"而非蹭"金"。如果没有不断更新的"金色"和"成色",即使再好的品牌也会逐渐失色,并走向衰落。

第三,幼儿园精神所主张的教育教学思想必须通过每一位教职工的具体行为才能得到彰显和发扬。上海市实验幼儿园对标教师发展的专业要求,不断提高教师队伍品格素养。新时代的教师队伍建设,需要将思想政治建设、师德师风建设、业务能力建设等统筹发展、协同推进,其中思想政治建设居于首位。面对党和国家事业发展对人才的更多需求、更高要求,我们立足于幼儿园更高品质的发展,深入思考教师资源配置与培训,依靠现代化的治理手段,开展精准培训,健全教师培养一体化的教师发展体系,为教育高质量发展提供坚强有力的支撑。

幼儿园精神是一代又一代在这里成长的人们对幼儿园生活的体验与发现,对教育教学问题永不停息地发问与追逐,对幼儿园状况和教育规律不懈地探索与研究的结晶。它是幼儿园的灵魂,对幼儿园的改革和整体发展起着至关重要的作用。它左右着课程改革的全过程,影响着幼儿园的教与学。幼儿园一旦形成具有自己特色的文化,将会促进效率的提高和目的的达成。萨乔万尼指出:"最成功的学校领导会告诉你,形成正确的文化以及关注教师、学生及其家长所共同认同的意义,是人们普遍认为创造成功学校的两条基本规律。"

### 3. 有继承更要有创新

创新机制是持续发展"幼儿园文化"之道。文化建设由谁来做? 如何持续创新幼儿园品牌文化的内涵,激励教职工为实现儿童、自己和幼儿园的共同发展而努力,是我们必须直面的命题。

上海市实验幼儿园以"项目制"为载体,以"四个公开"(项目内容公开、招标过程公开、项目实施公开、项目评价公开)为保障,拓展了教职工参与幼儿园民主管理的新途径。我们形成了一整套行之有效的制度和策略,有力地推进了各项有关幼儿园品牌文化建设的群众实践活动。

基于对大型幼儿园管理模式的思考,我们大胆探索、创新、建立学习共同体和富有自身特点的运行机制。面对纷繁的工作及其极高的要求,面对教育转型以及如何领导、管理大型示范性幼儿园等挑战,我们积极应对,不断思考和深化实践探索。

我们尝试从三个方面着手进行研究:

一是加强干部培养,架构管理网络,实施分工负责,落实工作职责,形成工作合力。从最初的部门架构和负责人选聘,到"一会两委"(教职工大会、园务委员会、学术委员会)的分工合作,再到根据幼儿园实际完善各部门主管制度,直到现今以章程为治园纲领,全面依法办园的推进,都体现了对大型幼儿园组织机构的组建和职能落实,责、权、利的分配管理等方面的思路统整和运作探索。

二是在运作过程中研究并建立相关制度和机制。我们先后以党建研究课题为载体,通过七年的实践探索和总结,形成了以章程为学校纲领、以项目制为主要抓手、集幼儿园重点工作于一体、具有现代学校特征、富有园本化操作特点的管理模式和运行机制。

三是通过对具体操作方法的梳理和提炼,为不同类型的大型幼儿园提供运作管理的操作方法和策略,并在区域内推广辐射。

### (二) 实幼文化建设的价值与任务

#### 1. 核心价值

"文化"是人类物质文明和精神文明的总和,是人在改造客观世界中创造的精神成果的总和。幼儿园作为当代文化实体"国民教育体系"中的一部分,负有传承、传播、传递民族的、世界的文化精华之责。我们认为,确立幼儿园主流文化的价值观,引领幼儿园精神文明建设和学校的健康发展是极为重要且必需的。幼儿园的文化源于园长、教职工、家长(孩子)所持有的共同信念。这些信念也支配着他们的行为方式。

(1) 和谐的校园文化需要价值观的引领

要推进和谐校园的建设,除了加强民主管理以外,更重要的是形成能够为全体教师所认可和遵循的价值取向。经过全体教职工的多轮讨论和家长委员会共同参与,我们形成了"健康——成就'每一位'的美好人生"的办园理念。这个过程既体现了对每个教职工参与幼儿园工作权利的尊重，又使所有教职工了解了办园理念的内涵要求，使之成为全园教师的愿景和行动。我们又以普陀教育精神大讨论活动为契机，在全园开展了"实幼精神"表述语征集。教职工人人参与，集思广益后形成了"承传统、实日常、求创新、做更强"的实幼精神。它既反映了上海市实验幼儿园的过去，又对目前的工作提出了要求，还为幼儿园的未来发展确定了昂扬奋进的基调，引导教职工关注孩子、关注每一天的工作质量、关注幼儿园的持续发展。

（2）和谐的校园文化需要心与心的呼应

和谐不仅仅是一种外显的表征行为，还包括了人与人心灵的呼应、情感的交融和行为的相互支持。基于这样的认识，我们尤其尊重教职工的权利，让每个教职工在对学校工作全面知晓、共同讨论的过程中自觉地履行好职责。

幼儿园在每年制订园务计划前，会通过问卷、谈心、征求意见和建议等方式了解群众对幼儿园过去一年工作的评价，并从实际出发进一步发动大家解放思想、实事求是，以专业的视角寻找幼儿园发展的增长点；实施"项目制度"，通过项目招标、实施评估、奖励的方式吸引所有教职工共同参与实施、共享成果。这一举措不仅使幼儿园重点工作落实到人，而且激发了教职工的工作积极性和创造性。

我园的工作节奏非常快，开放任务连续不断。教职工所承受的工作压力非常大，有时甚至是超负荷的。我们在广泛听取群众建议的基础上，拨出专款建立了上海市实验幼儿园教职工心理减压室，旨在让园内每一位教职工以一个平常人的身份、心态和行为在各种丰富多彩的活动中缓解重负、释放压力，增进彼此的了解，改善人际关系。心理减压室也成为建设和谐校园的有效载体和特色项目。近年来，我们又积极构建"教代会""园务委员会"和"学术委员会"三个机构相互协调、相互制约的民主管理新格局，使幼儿园的所有事务都在阳光下运行，保证了每个人参与竞争的机会平等，以及获得发展的机会平等。

（3）和谐的校园文化需要内外兼修

内外兼修：对内以"以孩子发展为本"的专业视角促进干群关系、人际关系的和谐；对外提高家长对儿童发展规律的科学认识，促进家园关系的和谐。

我们关注并积极助推教师的专业成长和发展，因为这是教师们最关心、最看重的。为了提升教师的课程素养，我们不仅制订了课程方案，还梳理形成了上海市实验幼儿园课程的 16 个配套操作文本,便于老师操作实施。针对课堂的问题、困惑和难点,我们开展园本研修,搭建了专业成长的交流互动平台,让更多的教师在教育教学的实践中历练成长,支持教师在关注儿童发展的实践中成长、成功、成才,极大地提升了教师的职业自豪感和幸福感。正如有的教师所言:工作顺利时,心情也会变得舒畅。我们努力帮助教师解决工作中的难题,提升其工作能力,使幼儿园工作要求与教师的实际工作水平相匹配,从而达到真正意义上的和谐。

家园关系是建设和谐幼儿园的焦点和难点。为了建立"沟通、理解、合作"的家园关系,我们从实际出发,不再一味追求"零投诉"的指标,而是将听取家长意见、努力改进工作和通过调查研究解决矛盾作为工作重点。我们每年都通过各种方式主动征询家长的需求和意见,即使家长没有投诉,我们发现问题后也会及时解决。我们不惧怕责难,敢于向家长宣传学前教育的价值取向,用实际工作行为让家长理解我们的教育,如坚决关闭所有兴趣班,引导家长从主流视角关注自己孩子的发展。我们致力于构建以健康服务、健康保障、健康教育课程和健康评价为主要内容的幼儿园健康教育课程系统。从大健康的理念出发,我们全方位关注、支持和保障幼儿的健康成长。我们鼓励每位教职工立足自身岗位,关注孩子的需求,为孩子提供服务,确保"关爱孩子"的要求真正落实到行动中,赢得了家长的赞誉。

2. 建设任务

把健康教育的理念落实在幼儿园的所有工作之中,整合在外显和内隐的一切环境之中,渗透在所有教职工和家长的行为之中。在践行"提升每一位婴幼儿健康生活的品质"的过程中,我们从"历史文化""课程文化""健康文化"三个板块开展了园所文化体系的架构和建设。

### (三) 实幼文化建设的举措与策略

1. 建设举措

自 2012 年起,我园就以精谋细润、精雕细琢、精心细致的方式系统开展文化建设。以 2012—2015 年的项目为引领,我园在不断创新、扎实推进的过程中,秉持实幼人敢为人先的奋斗精神,在国家政策的指引下不断丰富和深化着符合幼儿园特点的文化建设项目和内容。接过历史的接力棒,我们一直在路上。

表 2-1　2012—2015 年上海市实验幼儿园历史文化项目汇总

| 板块 | 2012 年 | 2013 年 | 2014 年 | 2015 年 |
|---|---|---|---|---|
| 历史文化 | • 园史室<br>• 文化标识全面采用<br>• "十佳"教职工评选<br>• 纪念大会<br>• 办园历史专题片<br>• 早教中心迁建竣工暨社区服务专场活动<br>• 上海市文明单位创建 | • 园史室材料充实及对外开放<br>• 文化论坛"我眼中的实幼"<br>• 师德建设项目申报<br>• 上海市文明单位创建出成果 | • 章程的试点研究<br>• 社区联建项目<br>• 上海市文明单位创建<br>• 普陀区第三届普陀杯评优 | • 上海市教育博览会<br>• 普陀区托幼机构健康保健室达标建设<br>• 国际美食之旅 |

表 2-2　2012—2015 年上海市实验幼儿园课程文化项目汇总

| 板块 | 2012 年 | 2013 年 | 2014 年 | 2015 年 |
|---|---|---|---|---|
| 课程文化 | • 35 岁以上教师原创课评比<br>• 《幼儿园健康教育课程的架构与实施研究》(课程实施篇、课程领导篇)著作出版<br>• 幼儿园发展规划解读与宣传(社区、家长、教职工)<br>• "三室一厅"项目实施(重点是宝宝门诊室、宝宝营养室)<br>• 幼儿园长廊环境及校园围墙文化创意设计<br>• 幼儿专用活动室建设(料理室、云课堂)<br>• "情绪课程"研究课题结题<br>• 安全健康管理平台应用与培训<br>• 见习教师规范化培训手册编写 | • "幼儿园安全与健康管理平台园本化、社会化功能的实践研究"课题立项<br>• "幼儿园健康教育课程的架构与实施研究"结题<br>• 启动"三室一厅"项目之"宝宝聊天室"建设<br>• 召开第三届"科研年会"<br>• 编制"协商式"早教指导培训教材 | • 基础型课程中健康教育主题内容序列<br>• 创新实验室课程开发<br>• 早教培训课程<br>• 园级科研课题招标立项<br>• 情绪课程精研<br>• 整体环境创设<br>• 两室活动指导序列文本暨一厅启动 | • 健康教育课程的班本化管理与评价研究<br>• 创新实验室课程开发<br>• 生活精细化实施研究<br>• 幼儿园大课程环境创设资源编制暨班级环境创设评优 |

表 2-3　2012—2015 年上海市实验幼儿园健康文化项目汇总

| 板块 | 2012 年 | 2013 年 | 2014 年 | 2015 年 |
|---|---|---|---|---|
| 健康文化 | • 丰富教职工心理减压室的活动内涵<br>• 幼儿园第四届骨干教师评聘<br>• 绩效工资实施方案制订<br>• 党建课题"以'项目制'拓展学校民主管理新途径的实践研究"实施<br>• 完善"一会两委"的运作流程<br>• 讨论制订"教职工健康指南"<br>• "健康文化"群众活动系列开发 | • 教职工心理减压室扩容<br>• 党建课题"以'项目制'拓展学校民主管理新途径的实践研究"结题<br>• "家长看课程"论坛<br>• 党务、园务全面公开并形成规范和常态机制 | • 项目制实施中的中层干部遴选、考察、培养的叙事研究<br>• 教师个人发展规划的调研，成长手册标准的制订与应用<br>• 教职工心理减压室扩容 | • 幼儿健康与安全管理平台园本化实施研究<br>• 优秀小教研组评比 |

2. 建设策略

（1）党建引领

**案例：上海市实验幼儿园以"项目制"提升民主管理科学化的实施意见及若干制度研究的背后故事**

为做好研究，怎样梳理要点

上海市实验幼儿园党支部"以'项目制'拓展学校民主管理新途径的实践研究"经过第一轮的探索与研究后，获得了初步的经验。那么此轮深化研究的重点应该落在何处？

我们所提的"幼儿园以'项目制'提升民主管理科学化的实施意见及若干制度"，旨在表达什么理念？幼儿园在实践中的运行和操作的对象是在日常操作中积累下来的各类原始素材的总和。这些素材在"项目制"文本材料中基本都有保存和呈现。作为一种特定的制度需要长期实施的运作机制，规定哪些是必要的、必需的，哪些是从属的，哪些又是可有可无的或不需要。我们对此进行理性的思考和严密的梳理，以一种合适的、可操作的形态呈现出来。

为此，我们应该聚焦"项目制"实施运行过程中的基本环节和运作流程，探寻其民主性、适宜性、操作性和持续性,使其深深植根于幼儿园内部持续地推进幼儿园民主管理和发展,从而成为群众从信念到行为的一种文化张力。"项目制"实施框架图如下。

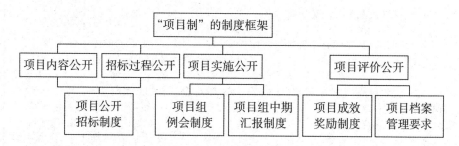

为了确保研究的实用性,最终我们需要怎样的成果形态

"项目制"的若干制度并不是狭义上的项目活动过程汇总,而应当是由幼儿园全体教职工(还包括幼儿、家长、社会),围绕着幼儿园发展规划目标实现、课程方案落实和阶段性重点工作实施为一体的团队合作行动过程。

它至少包含两大类的内容,一方面是全体教职工通过民主程序能够直接参与或体验建设幼儿园的实际工作(活动),这可能是"项目制"的外显形态;另一方面是幼儿园有关依法办园、文化立园的持续保障,它体现的是"项目制"的内涵要旨。由此,成果形态可以分为相应的两大类,一类是运作过程的事实阐述,另一类是基于过程的管理与领导。

研究中的实幼人——让制度管理的成果充满文化正能量

无论是在"项目"实施现场、在解析案例中、在听取群众想法时,还是在看到"项目"成果那刻,我们都被群众的热情和智慧所深深感动,并对他们在实施项目过程中展现的潜力感到敬佩。我们深切地感受到这种正能量在幼儿园内的影响力。我们也在思考,如何将这些"正能量"更好地转化为幼儿园的文化定义和日常形态。

文化到底是什么? 余秋雨说:"文化,是一种包含精神价值和生活方式的生态共同体。它通过积累和引导,创建集体人格。"文化是一种时间的"积累",也有责任通过"引导"而移风易俗。在这个动态过程中,渐渐积淀成一种"集体人格"。当文化沉淀为集体人格时,它也就凝聚起了幼儿园的灵魂。由于文化是一种精神价值、生活方式和集体人格,因此它是任何一个经济社会的起点和归宿。我们将不断探索,努力形成这样的文化形态。因为文化的终极目标是爱和责任。

（2）文化浸润

**案例：上海市实验幼儿园为教职工心理减压室扩容的项目**

我园以健康教育为本,在长期耕耘健康教育课程的同时,十分注重健康校园文化的培养。为了促进精神文化的升华,幼儿园在管理策略中特别强调创设良好的心理健康环境。

### 让教职工浸润

2014 年 2 月,上海市实验幼儿园心理减压室扩容项目组成立。本项目坚持"以人为本"的理念,从根本上关注教职工身心健康,以帮助教职工心理减压,构建和谐的校园环境。扩容教职工心理减压室的目的在于使幼儿园不同层面的人以一个平常人的心态,在各种活动中缓解、释放心理压力,增加彼此了解,改善人际关系,加强各部门之间的联系,促进幼儿园和谐发展。

### 与教职工共建

心理减压室力求为幼儿园的教职工们创建一个轻松减压、纾解情绪的环境。

在讨论中,教师们十分踊跃,构想了心中心理减压室需要具备的功能。

工会主席说:"我们要最大限度地保护、调动和发挥全体教职工的积极性,这样才叫'健康'嘛。"

教师代表 1 说:"心理减压室的重点是减压。说到减压,就是玩,就是开心。"

教师代表 2 说:"学习交流区域也不能少,很多老师平时带班劳心劳力,没时间静下心来学习。在学习中也能减压呀!"

教师代表 3 说:"年纪大的教职工养生知识比较多,把节奏放慢很不错。"

……

当然,为了更好地服务教职工,项目组进行了调研,即根据教职工调查问卷表,寻找教职工们真正的需求,从而让心理减压室真正能为教职工服务。

## 扩容行动实践

本着节俭的原则，扩容行动尽量利用教职工休息室现有的资源。

教职工休息室为上下两层复式结构。根据教职工问卷调查汇总意见，我们进行了统筹布局，相应地布置各个活动区域，并且添置了一些必要的物品。同时根据心理减压室上下两层的复式结构，按照动静结合等特点进行功能分割。

上层安排为安静区域：兼具下棋、阅读和休息功能。

下棋区：明快的地垫、柔软的靠垫、榻榻米小桌和蒲草团，用植物小品点缀，为教职工营造了轻松、休闲的氛围。工作之余，教职工可以三三两两聚在一起，打打牌，下下棋，既联络了感情，又舒缓了紧张的工作压力。

阅读、休息区：温馨的线帘、舒适的沙发、休闲的杂志能使教职工的身心得到放松。小憩片刻，有助于让教职工们精力更加充沛地投入下午的工作。书架上已有的书刊可根据需要更换，甚至可以开展"漂流"，鼓励教职工分享自己喜爱的读物。

下层安排为活动区域:兼具养生和手工 DIY 功能。

养生区:各种养生花茶和饮品陈列在吧台。教职工可以根据个人需要随意取用。宽大的会议桌以明快色调的麻布和植物小品加以简单装饰,柔化了线条,使会议桌兼具料理、下午茶、会议手工 DIY 等功能。

手工 DIY 区:舒适的沙发可以让教职工更亲近。精致的插花和墙面上各种社团活动的精彩掠影,为教职工提供了一个用手创造美的空间。

整个心理减压室以植物和墙贴来柔化空间,旨在让我园每位教职工以一个平和的心态,在各种活动中缓解、释放心理压力,增加彼此的了解,改善人际关系,加强各部门之间的联系,促进幼儿园和谐发展。

我们始终明确,扩容的目的是让教职工的身心浸润在上海市实验幼儿园健康教育的文化熏陶中,让教职工在工作之余体验放松时,依然能保持身心健康,真正把幼儿园当作自己的健康大家。

(3)实践育人

**案例:上海市实验幼儿园为指导教师进行班本化管理与评价的尝试——以餐点活动为例**

幼儿园餐点环节是保育各环节中的重中之重。为在实践中充分落实餐点环节的规范操作,真正做到"每一个细节都到位",上海市实验幼儿园制订了《幼儿餐点环节精细化操作要素》。该操作要素旨在确保教师在实践育人过程中对自身保育行为有清醒认知,并随时自检,开展评价。

表2-4 幼儿餐点环节精细化操作要素

| 环境要求 | 规范操作 | 保育要求 | 站位 | 指导用语 | 操作提示 |
|---|---|---|---|---|---|
| 1. 点心区域位置<br>• 不设在盥洗室门口,位置的摆放不影响幼儿走路。<br>2. 所需物品<br>• 根据幼儿人数设置桌椅,需要能满足多名幼儿同时进餐。<br>• 餐桌上除餐点物品外,可放置餐巾纸,以方便幼儿及时取用。<br>• 在擦嘴处放置镜子,便于幼儿养成好习惯。冬天提供面霜 | 1. 餐点准备工作<br>• 用餐或点心前30分钟消毒备餐桌和幼儿餐桌,先用清水擦拭,后用消毒液擦拭,20分钟后再用清水擦拭。<br>• 擦拭时用抹布用力来回擦,再将抹布反过来擦拭桌子的侧面。<br>• 擦拭顺序:备餐桌、餐桌、椅子。清洁消毒时,无论餐桌如何摆放,一块抹布只能擦一张桌子,消毒后可将桌子合并。每块抹布只能擦两张合并的小桌子。<br>2. 餐点分发<br>• 在备餐桌上分发牛奶、饼干和小勺。<br>• 将大茶壶中的牛奶分别倒入小奶壶并加盖。<br>• 按小组用食品夹将饼干分发在大点心盘内。<br>• 将小奶壶和小点心盘分发到各组 | 餐点护理<br>• 用肥皂和流动水清洗双手。<br>• 戴上围裙和口罩。<br>• 用浓度为250ppm的有效氯消毒剂消毒生活角的桌子。<br>• 领取足够的食物(两种或两种以上自制点心或饼干、牛奶或其他饮品,也可以加些水果)。<br>• 协助教师督促幼儿洗手。<br>• 清洗餐具、装点心的碟子、杯子。点心当天全部吃完 | • 可以在盥洗室与点心角来回走动,以点心角的护理为主。<br>• 帮助幼儿洗手,在点心角保育员可蹲下或坐下观察、帮助幼儿进餐,让幼儿养成良好的生活卫生习惯 | • 宝宝,小手洗过吗?记得长袖变短袖哦。<br>• 用调羹拿一块尝尝味道,好不好?<br>• 今天吃了几块饼干?<br>• 一口牛奶,一口饼干,慢慢吃。<br>• 自己试一试,宝宝本领真大!<br>• 吃完点心,别忘记擦擦嘴 | • 小班幼儿动作相对比较慢,保育员不能催促,急躁。<br>• 点心的摆放尽可能精美些。<br>• 营造分享点心的氛围,根据幼儿实际情况,可以帮助幼儿,但不要为幼儿代办。<br>• 督促幼儿安静、有序地品尝点心,与教师协商放一些音乐。<br>• 幼儿用完餐后将小碟子、小杯子放入桶中,督促幼儿轻拿轻放。<br>• 提醒幼儿擦脸,正确使用面巾纸 |

在实践过程中,我们充分明白,作为育人的主体——教师的自身成长是我们必须关注的。教师是课程实施的第一责任人。"班本化管理和评价"对他们而言意味着什么?课程中,哪些要素适宜纳入班本化管理中?管理和评价与儿童发展之间究竟有哪些内在的关联?

为了进一步帮助教师明确班本化管理的精髓,我们从"计划管理"这一点出发,对班本化管理要素进行了系统梳理,形成了"健康教育课程的(班本化管理与评价)要素"。

表 2-5　健康教育课程的"班本化管理与评价"要素(节选)

|  | 幼儿园做什么 | 班级教师做什么 | 想达到什么目的 |
|---|---|---|---|
| 计划管理 | • 每月发布幼儿园课程提示,把下月课程实施计划整体告知全体教职工<br>• 组织实施前的培训和指导,重点提示目标、内容、实施及幼儿核心经验,提供教师整体把握课程实施的价值、关系、步骤和进程 | • 根据课程提示和本班幼儿实际情况,制订实施计划<br>• 制订能兼顾"大顺序""小进程"的设计与安排<br>• 在实施过程中做好及时观察、记录和反馈 | • 班级课程计划的制订和实施,与幼儿园健康课程在理念和价值上保持一致<br>• 班级教师在制订和实施计划时,可以依据本班实际,对"小进度"进行自主安排,不求一致<br>• 在培训和实施时,提示教师做好现场观察和各种纪录,并及时加以调整,保障计划落实到位,思考连接下一主题的展开 |

评价并非检查或评定;评价要注重诊断和改进;评价要与推进自主管理有效连接。幼儿园的产品不是幼儿,而应该是教育服务。由此,幼儿园管理的最终目标就是合理组织和安排各种资源,为教师成长提供台阶,为幼儿发展提供服务,从而持续提升教育质量和办园品质。为此,我们不妨回到评价的原点,重新审视其意义和价值。你会发现评价过程充满了对孩子的爱和对教育理想的执着追求。我们收获的,不仅仅是一个等第、一个结论,而是一份专业的执着、一种"大爱"的精神。这或许正是我们希望做到的教育——一种回归了人的本真与纯粹的教育。

(4) 路径创新

**案例:上海市实验幼儿园关于《教师成长手册》运用的创新性研究**

最初,《教师成长手册》以"档案袋"的方式呈现。档案袋主要包括供教师专业化发展的"进修课程""主题或园本培训课程"及"专业发展的过程性资料"三类内容。换言之，档案袋主要为了园本资源资料积累服务。

2008 年 4 月,上海市出台的《幼儿园教师成长手册》(试行稿),从规范课程管理的高度和建立教师自主专业发展的机制上提出了新的要求,也为我们深入研究幼儿园各类教师的专业成长的和园本化实施《教师成长手册》提供了大好时机。2008 年 9 月,在《幼儿园教师成长手册》(试行稿)基础上,我园开发了第一版园本化实施手册。

### 第一次实践:为了更好地记录

我们的出发点是:把看到的、曾经做过的、思考过的东西写下来,在幼儿园的内网上进行分享。我们倡导反思的习惯,力主合作的精神,鼓励思想的碰撞、心灵的交流、智慧的融汇,追求个人实践经验的重构和提升、个人经验与群体经验的互动激励。

在这一过程中,我们发现教师逐步养成了教师随时记录、经常反思、各抒己见,愿意交流的习惯。

2009 年 8 月,我们对近一年中教师使用手册的现状展开了地毯式调查,并收到反馈——通过阅读所有教师的手册材料,我们发现了一些共性和个性的问题。

教师 1 认为:某些版块的页数设置不尽合理,有的版块内容过多且难以全部记录,而有的版块又难以填满,这经常导致教师为了追求数量而牺牲质量。

教师 2 觉得:手册作为教师专业发展的材料,未能有效反映实际成就,特别是在目标达成度上看不到具体结果,因此对自己的成长感到困惑。

教师 3 发现:许多记录的重点不明确,未能充分反映其当前的任职状况和主动发展的方向,其职业生涯仍然充满"迷雾"。

教师 4 坦言:手册是额外负担,记录不够主动,有时甚至随意记录,导致记录的数量少且质量低。

……

### 第二次实践:为了更好地完善

第二次实践开始了,我们的目标更坚定,要求更清晰了。

从目标上讲,我们进一步明确了使用手册对自身专业发展的意义和作用。

我们认识到,这是自身教育经验的累积和教育生涯的记录,最受益的是自己;同时,我们明白了专业成长是教师的终身追求。

从要求上讲,我们改变了将提升专业能力仅视为领导的责任或仅针对某些骨干教师的要求的做法,转为专业成长应成为每位教师的自我需求的做法。我们尝试把专业发展与个人实现价值、实现理想紧密结合起来,并在每两年一次的区级幼儿园骨干序列评聘制度上予以体现。

### 第三次实践:为了更有效地复盘

在第二版手册投入使用的一个月后,我们针对全园教师的个人发展目标的情况和目标的适切性开展了一对一的面谈。自我发展目标最能体现教师自我调整与自我规划的能力,也最能展现教师对手册意义的理解。因此,我们请教师将调整后的目标在内网上公布,以便教师们在及时了解各级各类教师制订目标情况的基础上,明晰自己的定位,明确自己的目标,明白自身的责任。

在这样的反复实践中,我们有了不少收获。

2009年,我园有五篇案例在"新课程游戏大擂台"评比中获奖,包括两个一等奖,获奖数量和质量在全市均名列前茅。有一位教师还在市级交流会上发言。我园有13篇文章在《上海托幼》和《普陀教育》上发表,一项青年教师研究课题获得了幼教类鉴定最高奖。这使教师在常态化使用手册的过程中既体会到了关注自身专业发展的价值,又提升了职业的自豪感和幸福度。

2010年5月,我们在调研教师使用手册的基础上进一步思考,感到有几对关系需要理顺,主要是:

1. "成长册"的记录与自身发展目标的关系

自我分析中提到的自身不足之处,在目标和措施中却没有体现,在具体记录中也没有呈现改进的过程。

2. 案例记录与解读的关系

案例记录不要求全面和完整,但要进行深入的分析和解读,才能揭示其实质,并据此指导实践,这样的案例才是有益于专业成长的。

3. 观摩活动中的质疑和研讨之间的关系

观摩活动后对执教者提出了质疑,但其后并未就质疑展开讨论。质疑的意义和功效值得反思,质疑和研讨的关系需要厘清。

4. 阅读与实践的关系

教师的阅读缺乏目的和实际意义,阅读的内容与自身的专业困惑、研究课题、目标达成关系不大,也缺乏这方面的针对性课程。

5. 专家报告与个人内化的关系

有部分教师将专家报告的内容直接作为"学习对我的启示和感悟"和"实践运用后的再思考"的记录内容,缺乏内化的过程,也从一个侧面让我们看到了部分教师学习的内驱力不足,不善思考的问题依然存在。

为此,我园教师撰写了手册的使用指南即《教师成长手册填写提示及指南》,旨在明确每个栏目要记录的内容和要求,以规范《教师专业成长手册》的使用,引导教师主动有效地使用手册,同时关注手册资源的优化和应用。

## 第四次实践:为了更个性化地成长

2010 年 6 月,我们再次组织全体教师学习《幼儿园教师成长手册》一书,并就《教师成长手册填写提示及指南》征求全员意见,汇总后发现有如下几个方面的问题需要引起关注:

1. 教师对手册的理解和自我评价的视角差异较大,故在使用前进行培训和解读十分必要。

2. 在记录和撰写的量上不应"一刀切",应该以促进每位教师专业成长为主要目标。可以制订基本的保底量,然后在此基础上让教师自觉使用,对既有数量又能反映自我观点和特色的予以发扬。质比量更重要,"少而精"比"多而平"更有效。

3. 大多数教师表示希望分享手册中的案例,对园本研修如何合理适当地选用手册中的内容进行有效交流和分享提出了更高的要求。

4. 部分教师建议采用"活页"方式装订,以方便记录。

在广泛听取教师意见的基础上,我们推出了手册的第三版。通过层层推进的创新尝试,我们认识到:既然是教师的成长手册,那就应该为教师所接纳、所使用。但是在接纳和自觉使用的过程中,我们应该架设一座"桥梁",让教师知道"桥梁"的彼岸是自身的专业发展目标。跨越这座桥梁,实现目标,需要教师自我跋涉。跋涉的过程是付出与获得交织,磨难与感悟同行,欢乐与痛苦相伴,历练与成长共载。指向教师与幼儿生命成长的过程,是一个需要用行动诠释和感受的过程,是一个能让我们投入、感动和坚持的、有意义的专业成长过程。

## 二、在文化标识中凝聚价值追求

从陆园长那时起,我们就非常注重幼儿园的文化标志设计,并尽量让孩子、家长、老师一起参与园歌、校徽、吉祥物的设计与创想,产生归属感、自豪感、荣誉感,共同表达对未来美好的期待。

### (一) 园徽

上海市实验幼儿园园徽由七彩的"S"和绿叶"Y"组成,暗含上海市实验幼儿园的简称"实幼"的拼音首字母,还寓意着绿叶托举着上海市实验幼儿园孩子们的七彩绚烂的明天。

**征集活动:园徽设计,点燃家园激情**

上海市实验幼儿园拥有七十多年的悠久历史。曾经的园徽是一个红彤彤的大苹果,代表着健康快乐。随着时代的发展,我们的办园理念在与时俱进。原有的园徽过于简单,无法充分诠释我们"健康教育"的文化内涵。所以,2010年我园发起了一次全园性的园徽征集活动,旨在集思广益,设计出能体现幼儿园特色的新园徽,努力将这所"让谐、趣、乐伴随孩子,用真、善、美熏陶孩子"的婴幼儿乐园更好地树立示范性形象。

此次活动得到了全园广大家长的积极响应,他们纷纷发挥特长,提交了93个形象鲜明、构图简洁明快的园徽设计作品。经过初步筛选,我们选出32个作品进行网上公示投票,又将票数最高的15件设计样稿集中打印成图片,在幼儿园门口展示,请家长们投票选出了幼儿园园徽的初稿。经过对这个作品细节的修改完善,形成了我们现在的园徽——郁郁葱葱的绿叶小苗在彩虹的围绕下茁壮成长,象征着我们幼儿园的每个孩子都在健康教育中快乐地向阳生长!

这次园徽征集活动不仅让每一位孩子和家长都参与幼儿园的重要决策,增强了他们作为幼儿园一分子的归属感,也促进了家园互动的紧密联系。更多家长愿意为幼儿园的发展出谋划策,共同促进幼儿园的进步与发展。

## (二) 园歌

《心里蜜蜜甜》是上海市实验幼儿园的园歌,由儿童歌曲作曲家汪玲作曲。曲调明快,旋律流畅,音域贴合幼儿发声特点。歌词由我园教师集体创作,内容充满童趣意味,浅显易懂,便于孩子记忆。园歌分为两段,第一段将幼儿比作在蓝天中自由自在飞翔的小鸟与在春天中绚烂绽放的花儿,表达了幼儿在幼儿园里健康快乐地长大的甜蜜。第二段将幼儿比作清晨闪耀的阳光和茁壮萌芽的苗苗,表达了对幼儿拥有美好未来的甜蜜期许。副歌部分朗朗上口。孩子们边唱边跳,特别喜欢歌词结尾"心里蜜蜜甜呀",总是洋溢着意犹未尽的欢乐。

### 小故事:园歌的由来,师幼共同的心声

"小鸟飞呀飞,飞进了蓝天;花儿开呀开,开出了春天……"

伴随着动听的园歌声,绘有园徽的上海市实验幼儿园园旗冉冉升起。这已经成为每周一升旗仪式上的独特风景。我们的园歌有一段特别的来历。

园歌一开始为欢快的2/4拍节奏,并通过重复使用"蜜蜜甜"来反映孩子们在幼儿园中的快乐生活。不过,原来的歌曲为单段式,过于简单。我们将其重新编曲,变成了两段式。歌词的创作则自然需要询问幼儿园的小主人们。

教师来到孩子们中间,倾听他们对幼儿园生活的点滴感受。

有的说:"我可喜欢上幼儿园了,就像是自由自在的小鸟。"

有的说:"我觉得自己就像小花一样,当老师教我们知识时,我们就长大了,开花了。"

有的说:"我觉得在幼儿园非常开心,最喜欢每天都在阳光下和大家一起玩。"

孩子们对幼儿园真切的感受给了教师创作歌词的灵感。结合孩子们的想法,我们重新编写了歌词。随后,教师们前往录音棚录制歌曲。经过一次次试音、磨合、录制,一首活泼动听的新园歌《心里蜜蜜甜》便诞生了。

从此,在每周一升旗仪式上,我们都会在升国旗、唱国歌后升园旗、唱园歌。园徽镶嵌在雪白的园旗上,园旗和五星红旗一起飘扬在天空中,红、白、蓝、绿等各色交织的场景,让每位实幼人难以忘却。每当园歌的前奏响起时,孩子们就会纷纷拍起手来;当教师和孩子们一起和着音乐,唱起欢快的园歌时,我们正如歌名所述,感到"心里蜜蜜甜"。

### (三) 吉祥物

上海市实验幼儿园吉祥物是苹果。苹果的秆和叶子,组成了幼儿园的简称"S"和"Y",延续了校徽中每一位幼儿园小苗苗都拥有七彩未来的美好寓意。

苹果作为可爱、健康的水果,不仅是对幼儿园原有园标的传承,也寓意着平安和祝福,还代表上海市实验幼儿园能为每一位孩子的人生提供适宜的教育支持。

**征集活动:2.0 版本大苹果诞生记**

2022 年是上海市实验幼儿园建园 70 周年。本着从儿童视角出发、以家园共育为主的宗旨,我们向全园孩子及家长征集幼儿园吉祥物形象设计。当孩子们得知自己设计的吉祥物可能代表幼儿园的吉祥物时,非常兴奋,在自由活动时纷纷分享自己对幼儿园吉祥物的创想。

随着参与讨论的孩子不断增多,他们自发开展了"宝宝议事厅"活动。

"我们幼儿园的园标上有一棵小苗苗，我想要设计一个超人手捧小苗苗作为幼儿园的吉祥物，让超人带着我们一起飞。"诚诚首先表达了他的想法。

"我想设计五个吉祥物，就像北京奥运会的福娃一样，说明我们幼儿园小朋友很多，手拉手一起走。"椋椋满心欢喜地介绍着自己的设计。

"妈妈说苹果就是平安果，我也喜欢苹果。我想设计一个大红苹果作为我们幼儿园的吉祥物，让我们每个小朋友平平安安、健健康康！"果果的想法别具一格。

孩子们你一言我一语，不仅讨论热烈，还将自己的想法绘于纸上，形成了各自初步的设计图，虽然看着稚嫩，但是承载了孩子们天马行空的想象力和对幼儿园发自内心的喜爱。

孩子们的设计热情带动了家长们的积极参与。他们和孩子们一起完善设计初稿。那些从事设计相关行业的家长更是发挥特长，制作了专业的设计稿。其中，果果的爸爸就利用果果的大苹果设计灵感，精心创作了作品，并特意设计了红苹果和青苹果两种卡通形象，其中红苹果寓意健康平安、红红火火；青苹果则象征着朝气蓬勃。

很快，10个入围的吉祥物设计产生了。果果和爸爸一起设计的"大苹果"就在其中。果果自豪地向全班孩子介绍"大苹果"的灵感来源和含义，希望大家都能支持"大苹果"。经过全体幼儿园孩子们的投票，"大苹果"最终脱颖而出，成为孩子们最喜爱的幼儿园吉祥物形象。

为了让吉祥物更加简单明了，"大苹果"颜色的选择成为一个讨论的焦点。我们随后开展了新一轮的"宝宝议事厅"讨论，在红苹果和青苹果之间进行选择。经过孩子们的讨论和评选，最终定稿为寓意"平安、健康、可爱、智慧、红火"的"大红苹果"卡通形象。

在孩子们的全情投入和家长的积极助力下，我们的吉祥物终于诞生啦！在70周年园庆日的揭幕仪式上，孩子们满怀期待地揭开红色幕布——一只直径一米的"大红苹果"吉祥物呈现在大家眼前。孩子们不禁欢呼了起来："这个大苹果太可爱啦！"幼儿园还贴心地为每一位孩子定制了小巧玲珑又充满暖意的毛绒版"大苹果"吉祥物，让它能陪伴每一位孩子共同成长。得到这样有纪念意义的礼物，孩子们爱不释手，因为这是他们自己参与设计的吉祥物，意义非凡。

如今,"大苹果"吉祥物每天站在幼儿园门口,微笑着张开双臂,欢迎每一个孩子的到来。孩子们也会和"大苹果"挥手问好。这已经成为孩子们每天进幼儿园时的习惯了。

## 第二节　健康教育课程的品牌打造

三种文化蕴藏于幼儿园课程之中,与课程共孕、共生、共成长。幼儿园"大课程"可以理解为在系统整体性观念指导下,围绕幼儿的健康成长,通过协调保教人员、幼儿、适宜的保教材料及相关环境条件等因素,构建起来的促进幼儿全面、和谐及个性化发展的幼儿成长生态系统。

课程的顶层设计是建立课程正确的价值取向,把握整个课程的结构和组件,关注课程要素之间关系,并统筹协调课程在发展过程中有效落实的系统思维方式的呈现,也是对幼儿园通过怎样的路径去推进幼儿获得成长的宣示,还是作为一座有思想、有作为、有自身独特价值的品牌幼儿园的名片,更是每一位幼儿成长与持续发展的逻辑起点。

研制整体课程方案是课程改革的重要环节,也是提升课程领导力的重要途径。幼儿园整体课程方案是涵盖课程设计、实施、管理和评价全过程、全要素的引领性的文件。

## 一、上海市实验幼儿园课程的沿革与思考

### (一)课程的沿革

创办于 1952 年的上海市实验幼儿园,通过 72 年的积淀和几代实幼人的努力,积累了丰富的课程经验和课题研究成果。

**表 2-6　上海市实验幼儿园课程沿革**

| |
|---|
| 　20 世纪 80 年代,思考幼儿园"整体教育"的实施,对"整体教育"的概念、形态和实施进行了实践探索 |
| 　20 世纪 90 年代,以"幼儿健康人格"建构为主线,开展了建构幼儿健康人格的课程构架研究,提出要"重视幼儿心理健康教育"的想法,并按学科分别设计了融合心理健康教育的活动案例 |
| 　21 世纪初,在全市率先开展了以"0～3 岁婴幼儿健康人格初始构建"为抓手的课程实施研究,形成了《家园养育指导手册》《婴托班教养——教师指导手册》等实践成果 |
| 　2006 年起,从传承、实践、创新的角度,提出了"提升每一位孩子健康生活的品质"的办园理念,架构了融健康保障、健康服务、健康教育课程和健康评价为一体的幼儿园健康教育课程系统,研发了"田野活动"和"情绪课程",进一步丰富和充实了健康教育的内涵,在促进上海市实验幼儿园持续发展和卓越发展上迈出了新的步伐。"协商式早教指导方案的研究""幼儿园健康教育课程架构与实践研究"先后被列为市级课题,前者获得上海市教育科研成果二等奖;编著出版《播种"健康"——上海市实验幼儿园"健康教育"课程领导篇》《播种"健康"——上海市实验幼儿园"健康教育"课程实践篇》《材料是可以这样运用的——"低成本、高质量"材料在幼儿活动中投放运用的实例研究》《"协商"活动中的我、你、他》等众多成果专著;"走进课堂"等一批研究项目连续三届获得普陀区教育科研成果一等奖;上海市实验幼儿园作为教育部"以园为本教研制度建设"项目基地园,先后两次向全国开放现场活动,承担的"教师成长手册园本化实施"课题荣获上海市项目一等奖 |
| 　2016 年起,积极探索教育数字化转型背景下的健康教育,健全幼儿园、家庭、社会协同育人机制。《用"情"陪伴每一位孩子的健康成长》收录于《联合国教科文组织疫情期间上海在线与开放教育应急措施与创新案例报告》;《"实"在健康每一天——个性化教育支持每一位幼儿的健康成长》获上海市"幼儿健康上海行动"征文一等奖;《我们的健康一家》获上海市中小幼家校合作校长故事征文一等奖;《教育信息化背景下个性化家园互动实践的思与行》入选 2020 年互联网学习白皮书;《数据可视化呈现与解读示范案例》收录于"全国中小学(幼儿园)教师信息技术应用能力提升工程 2.0"优秀案例库;《我的生活有"艺"思——幼儿生活情境中艺术元素的发现与表达》获上海市基础教育优秀教学成果二等奖;"基于'健康教育课程'的个性化家园互动实践研究"被立项为上海市教育科研课题,并在结题时评为优秀 |

### (二) 理念的发展

基于对幼儿园自身特点的思考,上海市实验幼儿园办园理念呈现出动态的发展。

第一版:爱心奉献幼儿教育事业,潜心钻研幼儿教育理论,全心服务幼儿身心发展,追求一流的服务质量、一流的教育环境和一流的办园模式,给儿童愉快、选择与成功,培养健康、睿智、善言、明理、富有个性的新一代。

第二版:提升每一位孩子健康生活的品质

体现了对婴幼儿发展规律的尊重和科学理解,与当时的普陀教育总体理念对接,率先以大健康的视角对健康教育进行了系统思考和整体架构。

第三版:健康——成就"每一位"的美好人生

"每一位",既指上海市实验幼儿园的每一位幼儿、每一位教职工,每一位家长,每一个家庭,还指幼儿园倡导的"健康教育"(全时段、全过程、全方位地惠及成长中的婴幼儿)。我们尊崇"每一位"享有健康身心和健康生活的权利,我们赋能"每一位"健康成长和美好生活的聪明才智,我们成就"每一位"持续健康和实现梦想的愿景。

## 二、上海市实验幼儿园课程概述

我们以健康教育课程体系架构和实施为研究载体,探索并践行优质的学前教育。我们所指的健康教育是由幼儿园全体教职工、幼儿、家长、社会共同参与的,围绕着 0～6 岁婴幼儿的一日生活,关注各类影响婴幼儿身心健康的基本要素,为满足婴幼儿健康、快乐发展需求所采取的,融健康教育课程、健康服务、健康保障和健康评价为一体的合作行动。它追求的是幼儿全面、和谐、持续的身心健康发展。

### (一) 课程架构与实施

一是重新定义健康内涵,完善健康教育课程目标,探索课程架构的顶层设计。

二是研发园本化的实施教材。基于上海市"二期课改"教材的基本特质,我们在充分挖掘、利用教材中的健康元素外,从改善现有课程资源条件出发,开发了田野活动系列方案,又以国内外优秀绘本的内容为基础,挖掘促进儿童健康情绪发展的内涵要素,编制园本化实施的内容。

三是尝试开发信息化的管理平台,及时向管理者、教师、后勤工作人员以及家长提供信息,同时与家长实时分享信息,使其了解幼儿园、幼儿在园的动态情况,这极大地促进管理的规范。同时开展利用网络平台管理整合健康教育相关信息的研究,使得信息的分类、传输、留存都较为迅捷准确,也使幼儿园的管理趋于流程化、信息化。

**（二）课程突破点**

1. 尝试突破幼儿园现有课程框架,通过对序度、内容的细致分析和设计,建立幼儿园实践与儿童获得间的纽带。

特别注重两个基本问题:一是结构的完整,二是内容的适宜性。通过顶层设计重新建立课程构架,使健康教育课程架构成为建立在上海市学前教育课程和幼儿园已有实践的基础上,对内容进行重构的产物。结构与内容在互动中不断磨合,内容与实施在时代发展背景下不断研发和创生,管理与评价在基于儿童全面、和谐发展的动态过程中不断改进和落实。

2. 利用区域"安全与健康管理平台",开发其内在功能,有效推进幼儿园"健康教育"。

对有关健康教育保障、服务的信息,能迅捷准确地分类、传输和共享,使健康教育管理流程化、规范化;同时注重依托数据分析来管理改进保育工作,实时公开宣传与反馈,并与家长、社会、教育行政部门分享信息,使幼儿保育、家园互动和资源辐射更为有效。

3. 设计契合幼儿生活经验的健康教育课程是实践探索的关键。我们从三个方面突破这一关键问题:

（1）设计成果形态,编撰课程图书

我们对零散存储于不同形态的课程资料(网络共享的、班级或个人保存的、经验性的,以及尚未进行过文字的叙述与梳理的课程素材)进行了系统的收集、甄别、分类,形成一系列可操作的方案。这些方案,在内容上涉及保、教两个方面,进一步凸显幼儿园"保障、保育"的功能;在操作上通过鲜活的案例来呈现思想、方法、策略,是基层教师可理解、可操作、可继续探索并创新的。我们出版了《播种"健康"——上海市实验幼儿园"健康教育"课程领导篇》《播种"健康"——上海市实验幼儿园"健康教育"课程实施篇》,对我园健康教育进行了小结与提升,并将这些成果作为未来课程发展创新的基石。

（2）通过序度划分,重新架构课程

一是结构的完整。与以往的研究不同的是,这次研究可谓覆盖了幼儿园日常工作的方方面面,从整体上反映了幼儿园的管理规范以及内涵建设水平。设计时,我们不再仅仅关注单一点,而是整个面。"没有遗漏、科学分类"是一项极具挑战性的工作。我们进行了细致的分析和处理,以保教并重、软硬兼备的方式呈现了课程结构。

二是内容序度的划分。我们将健康教育视为两大类内容的结合:一是幼儿能够直接参与或体验的一日生活环节,这是外显的教育内容;二是幼儿间接接受的幼儿园服务,这是内隐的教育内容和健康保障。在运作形态上,前一类对应的是课程的实施;后一类对应的是课程的管理与领导。

三是建立课程要素之间的联系。这包括健康教育课程理念与目标的匹配、基于健康教育课程目标的内容序列、基于以行动研究为主要范式的健康教育课程的实施、管理方法、途径和策略,以及基于课程成效评估的共生机制。

四是厘清了上海市学前教育课程与园本课程的关系。执行并落实好上海市学前教育课程是幼儿园的主要任务。一方面,我们细化了基于主题的实施操作,采取实施前全员培训;实施中收集实践案例、发现分析问题,在园本研修中讨论反思，并提出改进策略，付诸实践；实践后进一步验证反思策略的有效性，反馈实施情况以落实规范，提升质量。另一方面，我们开发、编制了具有完善健康教育功能、对儿童发展富有意义的活动和教案，并将其与基础型课程进行统整，落实于日常课程实施中。因此，上海的"共同性课程"（生活、运动、游戏、学习）与园本的"健康教育课程"之间的关系，既是"自然渗透、有机结合"，也是"突出重点"（健康、情绪、绘本），并"体现特色"（孩子发展具有的特色）。

五是在课程实施上，包括有计划的健康教育情感、知识启蒙和生活体验，以及与基础型课程相融合的健康养成教育。有计划的健康教育把关注点落在过程性特质的呈现上，而与基础型课程相融合的健康养成教育，体现的是不断发现问题—反思分析—大胆实践的改进过程。

（3）为课程体系运行流畅提供信息技术的支撑

一是应用"一个支撑平台、三类服务对象、多组应用主题"管理幼儿保育工作。

一个支撑平台即幼儿健康与安全管理平台，它通过对幼儿基础信息采集与分析，为幼儿健康监测和安全监管提供支撑。

三类服务对象包括为幼儿的健康安全提供保障，为家园互动提供支持；服务于幼儿园对幼儿的安全健康管理；为教育行政部门提供即时监管的信息。

多组应用主题即在"幼儿健康与安全管理平台"的基础上添加"幼儿信息""健康管理""疾病预防""膳食营养""安全工作""保健管理"等应用主题，并根据本园实际开展家园互动和健康指导。

二是完善幼儿园办公平台，实现"一网""两改""三随"。

"一网"是指充分利用学校网络，发布课程实施和管理信息，运用教育现场的真实事件进行经验共享、问题探讨和实践推进，以提升教职工的课程执行力。

"两改"是指一改"说教式"的课程领导，即从教育现场去发现课程实施的经验和问题，与教育观念重建形成交叉循环的反思过程，从而实现加强诊断功能，提高思辨能力，引发改进意识和行为；二改研修的方法，即关注行动研究的实效，以"微型叙事、问题互动、观点分享和策略支撑"为要点展开主动、积极的研究，在研究中形成整体的课程观，引领教师实现真正意义上的角色转型和行为蜕变。

"三随"是指随时、随发、随研，能使课程实践和领导的过程看得见。信息的分类、传输、留存方便迅捷,互动不受空间和时间的限制,让所有教师都参与其中,体验实际意义上的专业成长。

（4）拓展了健康教育课程实施、管理的途径与方法

在课程的管理与领导上,将制度建设、教师培训、课程实施、过程评价与幼儿评价等环节打通,形成紧密相连的研究和行动交互循环过程,提供了可借鉴的课程建设、课程实施、课程管理的范式。

（5）提炼了课程实施的主要特点:强化发展性、凸显主体性、坚持活动化、注重体验式。

强化发展性——课程实施的所有环节都指向幼儿的全面发展;

凸显主体性——孩子、教师、家长、园所各为主体或互为主体;

坚持活动化——创设环境、提供材料、走向自然与社会;

注重体验式——尊重兴趣、鼓励探索、培养合作。

（6）研发幼儿园园本课程资源,支持教职工开展健康教育实践

在行动研究中,我们感到:教育是一项复杂的事业。学校的一切都是具体而实在的。所以,用怎样的词组、短语或句子来提炼幼儿园的精神不是一件容易的事,而后提炼出来的精神文化更需要我们用行动进一步丰满它、厚实它,才能形成一整套教育教学思想体系。

**（三）课程理念**

上海市实验幼儿园的课程理念是:尊重健康权利,欢享健康生活,奠基健康人格。

尊重健康权利——守护每一位幼儿享有健康身心和安全生活的权利;关注每一位幼儿学习、探索、体验、表达的发展权;提升每一位幼儿自主参与、积极管理、创造健康生活的权利。

欢享健康生活——以每一位幼儿为本,践行幼儿发展优先,使每一位幼儿在欢乐地享受与其年龄段相适应的健康生活中得到满足和引导,获得快乐和美好的早期生活体验。

奠基健康人格——有序、适切、有效地把握每一位幼儿身心发展的差异,促进其在"共同生活、探索世界、表达表现"中养成健康的人格。

### (四) 课程目标

1. 总目标

通过本课程的实施,促进幼儿身体结实、情感真实、经验扎实、行为笃实。使幼儿成为健康活泼、好奇探索、文明乐群、亲近自然、爱护环境、勇敢自信、有初步责任感的儿童。

2. 具体目标

(1) 初步了解并遵守共同生活所必需的规则,体验并认识人与人相互关爱协作的快乐。

(2) 初步形成文明卫生的生活态度和习惯,独立自信地做力所能及的事,有初步的责任感。

(3) 积极活动,增强体质,提高运动能力和安全意识。

(4) 亲近自然,接触社会,初步了解人与环境的依存关系,激发认识和探索自然的兴趣。

(5) 初步接触多元文化,能发现和感受生活中的美,萌发审美情趣。

(6) 积极尝试运用语言及非语言方式表达和表现生活,具有一定的想象力和创造力。

(7) 乐于感知并及时表达情绪感受,学习基本的调控情绪的方法,明白保持情绪稳定和愉快的重要性。

### (五) 课程内涵

健康的教育,是全程的教育(0~6岁婴幼儿的全程教育);是全面的教育(涵盖生活、运动、游戏、学习全面的教育内容);是全员的教育(园内的教师、保育员和其他工作人员,园外的家长、社区人员等)。

健康的生活,是指优质的环境、优质的服务、优质的教育的有机整合。

健康的人格,是指每一个婴幼儿生理与心理的健康,智商与情商的健全。

### 三、上海市实验幼儿园课程系统

上海市实验幼儿园的课程系统可参考以下各图。

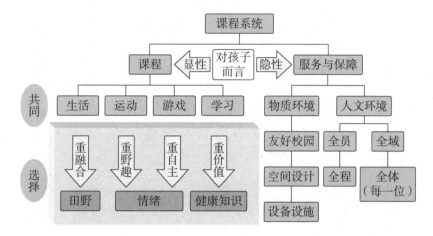

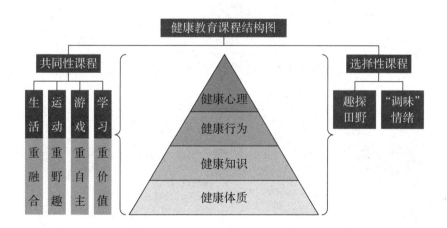

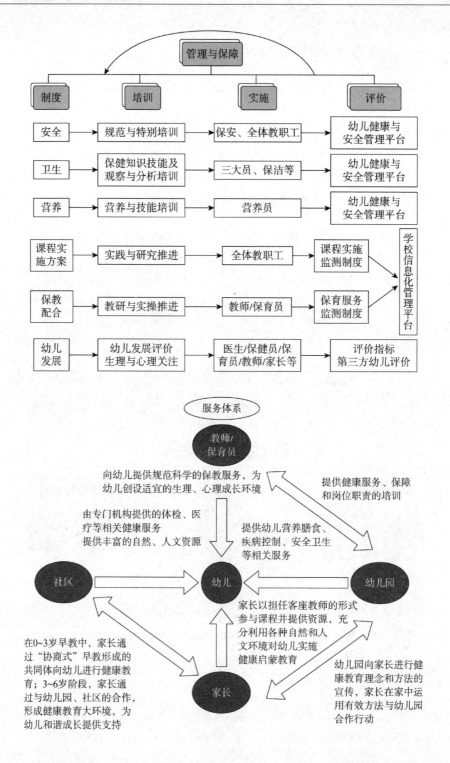

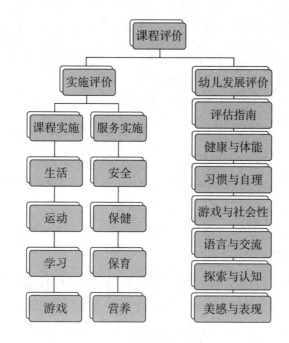

课程评价

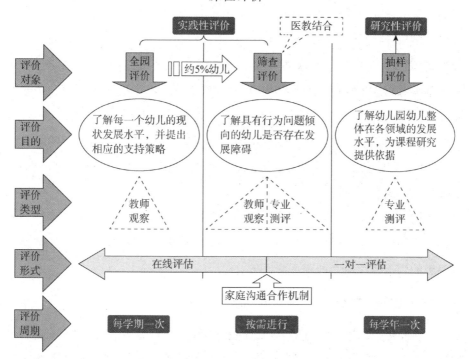

上海市实验幼儿园健康教育课程系统着眼于立体的健康理念，关注真实且完整的幼儿画像。该系统基于课程结构、服务与保障、评价等要素的整合，致力于打造全要素、全过程、全方位的课程图景。其中：

全要素——是一幅具备全要素的立体图景，除课程结构本身外，通过在体系中纳入服务、保障、评价等要素构成闭环系统，突破了以往平面聚焦课程的局限。

全过程——是一幅关注全过程的动态图景，通过不同要素间的相互关照，实现了课程循环往复、螺旋上升并迭代更新。

全方位——是一幅全方位的和谐图景，通过不同主体的协同，孕育了民主的课程和开放的文化。

课程系统不仅包括教学和活动，而且是一个系统的构架和运作过程，是整个幼儿园组织的行动过程，也是每个部门、每个教职工协同努力的过程。基于这一认识，上海市实验幼儿园健康教育课程系统由课程（包括课程评价）、服务与保障（包括服务实施评价）小系统构成。通过小系统之间的互相支撑，大系统可实现动态发展。课程、服务与保障两个小系统基于各自特点既对内优化运行，又对外立体交叉、循环往复。其中，健康课程包括共同性课程和选择性课程两类，它们直接与幼儿发生互动，显性地影响着幼儿的发展；健康服务与健康保障为健康课程的实施打造了包括物质环境、人文环境在内的生态环境。基于课程理念，服务与保障支持着课程的运行，同时通过课程与幼儿间接发生着互动，隐性地影响幼儿的发展。在这一系统中，无论是显性的课程还是隐性的服务与保障，都积极唤起全员、全体的主体自觉，实现其在全域中全程卷入，实现课程及课程主体的主动发展。

大健康视域更迭了对物理空间的单一认识。面向未来，多元主体要协同架构连续、友好、立体的课程空间，以先进设施支撑现代化技术赋能，在教育高质量发展的当下持续落实课程理念。

### （一）结构与内容

从课程功能维度看，上海市实验幼儿园健康教育课程分为共同性课程和选择性课程两类。它们既面向全体，也适应个体；既体现递进交织，又相互螺旋式上升。

面向全体,适应个体——健康教育课程既要确保为幼儿提供其终身发展所需的基本经验和机会,也要适应个体幼儿的特殊需要。健康教育课程结构既关照课程和幼儿发展的关系,也积极探寻共同性课程和选择性课程的连接点。共同性课程面向全体幼儿,着眼于最基本的经验积累,使每个幼儿积累相应的体验和感受,获得最基本的发展。选择性课程包括趣探田野、调味情绪等,是基于幼儿园的特点和以幼儿发展为优先的理念动态设计的。

递进交织,螺旋上升——通过共同性课程和选择性课程的有机组合,共同构建以幼儿健康体质的养成、健康知识的获得、健康行为的习得、健康心理的培养为支柱的课程图景,实现健康教育课程总目标。

### (二) 管理与保障

上海市实验幼儿园健康教育课程的管理与保障包括健康制度、健康培训、健康实施和健康评价等四个要素。该体系强调尊重教师的主体性,力图借助两个信息技术平台,通过扩大对话空间、权力分配空间,营造民主氛围,最终以链条化方式服务课程、服务教师、服务儿童。

两个平台——健康保障体系依托"幼儿健康与安全管理平台""学校信息化管理平台"两个平台,以信息化技术赋能监控评价。

一条逻辑链——通过建立"制度—培训—实施—评价"的逻辑链条,平稳有序地落实"追求和谐、追求民主、追求自主、追求发展"的健康管理理念,科学规范地实现"共同发展"管理目标,即每一位幼儿的发展与每一位教师的发展以及每一年幼儿园的发展是共同发展的。

### (三) 服务体系

秉持着"健康——成就'每一位'的美好人生"的办园理念,本着对高质量教育的执着追求,健康服务体系致力于打造幼儿园课程领导共同体,实现协同服务与共同发展。

课程领导共同体——包括幼儿园、教师和保育员、家长及社区等四类服务主体,他们围绕幼儿发展这一核心协同服务,强调全员、全体的协同,关注全员、全体的专业发展。

协同服务——幼儿园、教师和保育员、家长及社区等四类服务主体在健康服务体系中动态互联、深度卷入，协同实现对幼儿成长及发展的愿景。其中，幼儿园为幼儿提供包括幼儿营养膳食、疾病控制、安全卫生等在内的全方位的保教服务；教师和保育员创设适宜幼儿生理、心理成长的环境，为幼儿提供规范科学的保教服务；家长充分利用自然、人文环境，通过参与课程为幼儿提供健康启蒙的保教服务；社区则挖掘其丰富的自然、人文资源，通过专门机构提供的体检、医疗、参观等实现让幼儿多元体验的保教服务。

共同发展——不同服务主体在协同共育中互相成就。幼儿园通过与家长的开放协作，共筑健康教育理念，共享健康教育方法，共赴健康教育行动；社区与家长通过结为健康教育共同体，共构支持幼儿和谐成长的健康教育大环境；幼儿通过成就教师和保育员的专业成长，最终实现双方的同步发展。

### （四）课程评价

课程评价是推动上海市实验幼儿园课程自我完善的数据支撑，既能描述问题、引发对话，又能呈现变化，以利于课程品质的提升。结构化的课程评价体系，能实现课程的动态更新优化。健康课程评价不仅涵盖对课程实施的评价，还包括对服务实施和幼儿发展的评价。

从评价内容来看，健康评价由实施评价（包含课程实施评价、服务实施评价）和幼儿发展评价两部分组成。从评价的特点来看，又可将健康评价分为实践性评价和研究性评价。

重全面、重全程——幼儿发展评价全面了解幼儿在课程实施过程中的表现，能从根本上把握幼儿发展的现实与课程实施之间的关系，了解课程是否满足了幼儿活动的需要进而满足幼儿发展的需要，以及课程是否能、如何能更好地满足幼儿的需要。幼儿发展评价基于《上海市幼儿园办园质量评价指南》（讨论稿）中"幼儿发展行为观察指引"，结合健康教育课程特色培养目标，建构了本园幼儿发展评价指标与具体实施内容。

重全要素、重全方位——幼儿园课程实施评价主要考查核定幼儿园课程所持有的基本理念以及所强调的主要价值取向与幼儿园所在的社会背景契合度，与幼儿园教育实际状况契合程度；考查和评定幼儿园课程的目标、内容、方法和评价等课程的各种要素是否在课程理念的统合之下形成一个协调的整体，并发挥总体的功能。

重自评、重发展——教师的课程实施评价要基于发展的眼光,在真实的课程实施中观察,结合自评和他评等多种方式,为打破课程方案实施效果的"混沌"状态提供较客观的过程参考;指明教师在每个活动方案关键维度上的程度高低,便于追踪和比较,为教师自己、幼儿园制订针对性的专业发展方案提供数据支持。评价以解决教师问题为切入,着力提升教师的课程实施素养,提高课程品质。

此外,上海市实验幼儿园积极探索基于幼儿个性化发展的协商式三方评价机制。这种机制涉及多个主体的参与,从不同的评价途径出发,注重运用适宜的记录工具,客观判断幼儿各领域的发展水平和状况。基于幼儿个性化发展的协商式三方评价机制在尊重差异的价值取向下构建。评价主体由教师、家长与幼儿共同组成,评价内容即为幼儿发展现状。由偏好、问题驱动协商行动,家园双方在对话中取得信任,在协商中不断完善个性化教育方案,优化协商过程,取得协商结果,促进幼儿成长。

源于课程实施的思想凝聚

第三章

以"儿童发展优先"为原则,上海市实验幼儿园健康教育课程在实施中不断实现着向下扎根、向上生长。从共同性课程和选择性课程出发,我园积极探索着健康教育课程的开发与应用。在健康教育理念下,两类课程并非割裂存在,相反,二者相辅相成,相互融合、相互渗透。其中,共同性课程自然融入了健康教育的情感、知识技能和能力培养,选择性课程则侧重体现幼儿的健康体质、健康知识、健康行为和健康心理的养成。

在课程实施过程中,我们积极践行基于儿童立场的教育支持,以引发幼儿一日生活中的主动学习。此外,我们不断开发、拓展幼儿园资源,以提供幼儿全视角的成长支持,促进幼儿健康发展。

# 第一节　课程实施层面的持续推进

上海市实验幼儿园致力于持续关注幼儿的健康生活品质,对已有课程进行深度挖掘,在一日活动中渗透健康教育理念,为幼儿一生的成长奠基。

## 一、共同性课程

### (一) 生活——重融合

将幼儿的日常生活和幼儿园一日生活有机结合、自然融合,关注幼儿良好习惯的养成和"康商"的发展。我们的生活活动强调融合,这不仅体现在与幼儿生活环境的关系中,也体现在与幼儿的身心发展规律、幼儿生活中真实问题解决的关系中。仔细观察便会发现幼儿在园的一日生活中会遇到各种各样的问题,如来园时依赖于成人的帮助脱衣,挂衣,盥洗时糊里糊涂地忘了便后冲水……这些正是生活活动的起点,幼儿的发展水平是生活活动的基点,生活环境则可成为生活活动的支点。

**案例一:调皮的衣架(沈蓓莉)**

来园时,小乐眉开眼笑地拿着玩具往里走。

"小乐,早! 放好玩具赶紧脱下外套挂起来吧。"我摸摸小乐的脑袋说道。

原本还很开心的小乐一下子皱起了眉头:"沈老师,我不会挂衣服,我家的衣架都是妈妈用的!"

于是,我把小乐带到挂衣架的长扶手旁:"小乐,你要试一试,挂衣服很简单的,小洞对小角就好了。"小乐很努力地想要学挂衣服,只见他顾了左袖,右袖又滑落了,不断地重复同一个动作,衣服却总像跟他开玩笑似的,怎么都无法好好地在衣架上待着。小乐有些急了,一把把衣服放到我手里,面露难色地说:"沈老师,我真的不行,你帮帮我吧,等我以后长大了就会了。"

挂衣服的尝试就此草草了事,以老师帮忙收场。接下来又来了一批孩子,也大都没有办法自己完成挂衣服的动作。于是,在一番忙乱中,老师不断帮忙着……

通过连续几日的观察,我发现原因有二:一是缺乏合适的图示帮助幼儿了解挂衣服的正确步骤;二是所有的悬空衣架,对于手部动作协调性尚未充分发展的中班幼儿来说有点难。往往一个袖管套进衣架一端,另一个袖管想要套进衣架时,衣服已经在摇晃中滑落了。针对这些问题,我采取了以下措施:

首先,我在班级的门口提供了全套挂衣服动作示意图。能力强的幼儿先做示范,我拍照并打印,以箭头形式提醒幼儿根据步骤逐步完成。其次,我提供了桌子作为辅助工具。孩子们可以利用桌面作为手的稳定支撑。这样一来,衣架就不会随意晃动。通过将袖管穿过衣架的方法,孩子们就容易挂好衣服。等衣服在衣架上挂稳之后将其挂到统一的长架上就容易多了。

发展总是在旧问题的解决、新问题的出现中发生的。幼儿的发展亦是如此,生活活动的重要阶段,相应地发生在幼儿成长的全过程。在"生活活动重融合"这一原则的指导下,教师应将幼儿在生活中有待解决的问题作为生活活动重要的内容来源,在幼儿的生活环境中,教师应努力为生活活动的有效开展提供支持,应在充分观察、解读幼儿的发展水平的基础上指导实践,从而真正促进幼儿发展。

**案例二:我们自己开饭喽(戴静芳)**

午餐是幼儿一日生活中的重要环节。升入大班后,幼儿开始尝试分碗筷、布置餐桌、端饭端菜等分餐事务。然而,第一次尝试时,我发现他们自信满满,但实施起来却力不从心,主要表现在:

1. 对操作流程不熟悉。以往都是看大人操作,但这次要自己动手尝试就没有想象中那么简单。

2. 餐具提供的设计基本是以成人视角设计的。如饭桶和汤桶较高,孩子使用起来比较困难;长柄勺子用起来相当费力(幼儿肌肉力量不足,手腕的控制并不是那么自如)。

3. 站位不明确,出现冲撞、打翻情况。怎样合理、有序地端饭菜,孩子们没有静下心来讨论过。

基于以上思考和分析,我与孩子们商议后对分餐区域进行了以下调整:将分餐台换成矮桌子,孩子们盛饭菜更方便;提供了便于孩子操控的饭勺和汤勺,以提升孩子们的手感舒适度;设计了端菜路线图,明确了拿饭、菜、汤的顺序及合理的行进路线,以避免冲撞。

经过一个多星期的尝试后,孩子们对分餐的步骤清楚了许多,但在操作的细节上仍存在盲点。于是,我们特邀保育员拍摄她的分饭流程成视频。在餐前准备活动中,孩子们通过观察和讨论这段视频,惊喜地发现了许多之前忽视的细节:"原来大妈妈的边上有个小垃圾桶,可以收集掉在桌上的饭菜。""先盛蔬菜再放肉,而且肉和蛋每个碗里都有。""盛汤的时候可以把碗放在桌子上,这样就不会翻了。"观看视频的过程,俨然成为答疑解惑的环节,那些令人烦恼的问题在观察中自然而然地得到了破解。

令人欣喜的是,孩子们不断通过迁移经验来改进行为,并且享受着分餐带来的乐趣。经历了两个多星期的尝试,他们学会了如何和同伴协商、分工、合作;学会了独立布置餐桌,并兼顾美观与合理;学会了如何将饭、菜、汤稳稳地分进小碗,并且安全送达餐桌;学会了应对一次又一次的突发状况——饭菜打翻了怎么办?饭量不大的小朋友怎么分?如果有饭菜多出来了该如何处理?……他们变得越来越熟练,求助的次数逐渐减少,用时越来越短,情绪依然高涨。

敢于放手,让孩子充分体验生活。从最初的混乱场面到现在的井然有序,这一切都依赖于老师对孩子的信任。我们坚信,每一个孩子都是有能力的学习者。从他们脸上真实的微笑中,我们能够感受到那份体验生活、自足自乐的满足感。

持续观察,使过程更为流畅有效。放手之后,老师和保育员真的"隐形"了吗?我们只是静静地退到了孩子们的身后,成为观察者和协助者。以上案例的片段,都是在教师观察的基础上和孩子们共同商讨并不断完善和调整的结果。保育员的角色是在孩子遇到实在无法解决的问题时,提供适时的指导和帮助,并兼顾好安全提示工作。

优化细节,促健康教育品质提升。如果将整个分餐活动当作一次融合性教育活动来做,那就有许多细节需要挖掘。案例中所呈现的小垃圾桶、路线图、分餐视频、餐桌布置等是根据孩子的需要所延伸出的细节,为的是让孩子享受良好的健康生活品质,体验自主分餐的乐趣以及形成良好的用餐习惯。

**案例三：我会照顾自己（王晓芬）**

一天放学前，小班嘉嘉在尝试拉上外套的拉链时，似乎怎么也拉不上。我过去帮忙，嘉嘉却扭过身去说："我要自己拉。"

我劝他说："你拉不好，我来帮你吧。"

"我可以的，我会拉的。"嘉嘉坚持说道。

我说："不行的话来找老师帮忙哦。"然后，我就忙着检查其他孩子去了。

大约过了五分钟，嘉嘉一脸高兴地跑到我面前说："老师，我拉好了！"得到我的夸赞之后，嘉嘉笑得更开心了，蹦蹦跳跳地跑开了。看着嘉嘉开心的背影，不禁让我感慨：孩子是真的长大了。

于是，进入中班后，我更多地学会了"放手"，即把更多做事的机会，比如喷花露水、涂香香等都让孩子试着做。生活角"我会照顾自己"就此诞生。我在里面投放了纸巾、花露水、香皂等。孩子们对这个区域很感兴趣。有的戴眼镜的孩子提出眼镜片模糊时可以自己擦眼镜，有的女孩子还提出想尝试自己扎头发、夹发夹。于是，我们根据孩子的想法补充他们需要的工具，以满足幼儿的需求。

吃完点心、运动好回教室、上完厕所、吃好午饭、下午起床后……总是能看到孩子们照顾自己。有时孩子完成后还会开心地来和老师分享："老师，我肚子包好了，你看！""老师，我的夹子夹得好看吗？"有时，孩子们会三五成群地讨论或帮忙。"我挤这点够吗""我来帮你""不是这样做的""手心里搓一搓""要这样"……

就这样，孩子们在此实践、探讨和学习着各种自我服务的技能。

当幼儿慢慢学会基本的生活技能后，他们的自我服务意识逐渐萌发，并且越来越强烈。他们渴望照顾自己，并且有很大的信心能照顾好自己。著名教育家陈鹤琴先生提出:"凡是幼儿自己能做的应当让他自己做。"有了"我会照顾自己"生活角,孩子们在一日生活中的任何时候,都能自由自主地锻炼生活自理能力,从而得到自我服务的满足、生活自理能力的提升,更是收获了自信和成就感,真正做生活的小主人,成为更好的自己,为健康人生打下良好的基础。幼儿生活自理能力的培养不是一朝一夕就能完成的,而是一个长期的过程。因此,成人一定要在生活中多为幼儿创造自我服务的机会与条件。

### (二) 运动——重野趣

运动环境要重视自然野趣,挑战合适的难度;运动兴趣要重视引导并关注差异;运动能力要重视身体素质的全面发展。

#### 案例一:小山坡里的大野趣(吴怡)

在幼儿园的草坪上,有一个不起眼的小山坡。每当运动时间到了,有的孩子会在山坡上来回奔跑,体验斜坡奔跑的快乐。我思考着,怎么样在孩子的兴趣点上提升幼儿的运动能力。在一次散步时间里,我问孩子们:"小山坡除了跑,还可以怎么玩呢?"孩子们提出可以有东西从山上滚下来的。我说:"好呀,那我们一起收集一下哪些材料是可以滚的。"

第二天,孩子们从幼儿园和家里收集了许多能滚动的材料,有轮胎、大小不同的球、油漆桶、自行车、平板车等。他们对这些材料进行了不同的尝试。

铭宝把轮胎滚到小山坡上,一放手,轮胎从山坡上快速地滚了下来。下面的小朋友们急忙逃开。婷婷也玩滚轮胎,她让轮胎从滑滑梯上滚了下来,这样速度更快了,引来了不少围观者。樵樵正使劲地把瑜伽球滚到山顶上,和铭宝比赛哪一种材料滚得更快。自行车队不甘示弱,凡凡避开从山坡上滚下来的种种障碍物,漂亮地完成一个漂移动作后,得意地对好朋友说:"怎么样,厉害吧? 刺激吧?"好一片热闹的场景。

　　堡堡和萱萱正在滚油漆桶。堡堡用尽了最大的力气，把超级重的油漆桶独自滚到了山顶上。他很享受油漆桶快速下坡时和油漆桶比赛跑步的乐趣。萱萱则尝试在油漆桶上行走。每当滚筒滚起来的时候，她都会跟随着油漆桶滚动的节奏稳稳地行走。好几次，庞大的油漆桶"咕咚咕咚"滚下来，差点碰到隔壁班玩投掷的小朋友们。没想到他们居然用轮胎搭起了堡垒，和油漆桶对抗。

　　操场上，我们班和别的班的孩子们也打成了一片。大家玩起了"海盗船"游戏，在各自的阵营对抗，用"武器"（软球）投掷。蜿蜒的小道上，正有"海盗"们骑车行驶而来，拿起"武器"，对准目标……啊呀，自行车飞快地行驶了过去。慢慢地，他们还学会了拿纸箱当"盾甲"，防御对方的进攻。

　　我想，"运动中心"并不是单一运动技能、体能的训练，是师生共研、共创运动环境和内容的时机，以真正实现"我的运动我做主"。幼儿根据自己的意愿选择喜欢的运动场所，选择适合的运动材料以及运动方式，在运动中享受快乐，收获健康。这里是孩子们喜欢的充满自由的运动场地。场地里充满着野趣，充满着挑战。孩子们奔跑时露出的自信的笑容，让我看到了运动带给孩子们的无限欢乐，这正是健康应该有的样子。

**案例二：一起玩车去，冲呀！（钟雅瑾）**

我想在更大的地方玩

　　本周，我们班再次进行了孩子们非常喜爱的骑车活动。

　　"老师，只在风雨操场骑车，地方太小啦！"昊昊嘟囔着对我说。

　　"那你想骑到哪里去呢？"我饶有兴趣地问。

　　"当然，最好是幼儿园里到处可以骑车啦。"昊昊的建议得到了很多孩子的响应。可见大班的孩子们已经不满足于只是在风雨操场及部分紫藤长廊骑行，他们希望能骑得更远、路线更长。于是，我们和孩子们在幼儿园一起探索了新的骑行道路：从风雨操场出发，穿过整条紫藤长廊，在幼儿园门口调头弯进小路，沿小路行进到小坡道，最后回到风雨操场的环形路线。这样的改变不仅仅是线路的延长，所面临的路况也有了变化——紫藤长廊平整宽敞，孩子们骑车时可以以较快的速度通过，但是到了转弯处必须控制自己的速度以保持平衡；小路的中间铺着石子，车子经过时会上下颠簸，骑行时就要及时调整；坡道有一定高度，需要有一定的动力才能上坡，对孩子们就是新的挑战。

怎样玩车能又快又安全呢？结合亲身体验，孩子们用自己的方式画了提示图。例如，遇到窨井盖要绕行，以防滑板车的轮子卡在缝隙里；转弯和通过小路时要放慢速度，注意前后观察等。这样的骑行既能保持较快速度，又充满乐趣，孩子们很喜欢。

  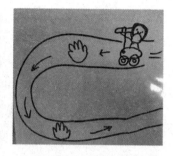

为了使运动更加富有情趣性，我们投放了很多辅助材料，如各种包袋、竹篮、玩偶、纸箱等。孩子们喜欢尝试用各种方法搬运"货物"，有的在篮子里装上"小动物"一起兜风，有的在自己的车后拖辆平板车拉货，有的背着满满当当的小书包骑行。

但是，大家很快发现了问题："货物"装得太多，会在行进的过程中掉落，需要不停捡拾，反而拖慢了速度。那么，到底怎样才能又快又好地送"货"呢？

孩子们相互介绍自己的好经验，并进行新一轮尝试：有的两两结伴搬运，一个骑车，一个负责看护；有的在平板车上只放一箱"货物"，并且控制速度；有的用大塑料筐增加质量，就能一次性运送很多"货物"。我们的玩车活动变得越来越充满乐趣啦。

玩车活动本身是偏于下肢锻炼并兼顾全身协调性的运动。当我们延长骑行路线后,面对多样化的道路条件时,孩子们不得不推、拉车辆,以搬到预期的位置,这样上肢同样得到了锻炼。在运动过程中遇到的问题,正好转化为孩子们主动学习的机会。互相帮助和共同解决问题,能让孩子们在心理上获得极大的满足。我们甚至尝试在小雨天气下骑车,大家都觉得这种充满野趣的活动真是太棒了!

### 集体学习活动:夹球跳(孙家珺)

**设计思路:**

本活动源于对幼儿日常活动的观察。幼儿对球类活动有着很大的兴趣同时,已积累较丰富的经验。通过进一步观察发现,幼儿对球类的操控动作多数停留在上肢参与的状态,方式较为单一且结合儿童已有经验并认真倾听他们的想法后,我们尝试共同创生课程内容。

在实践过程中所使用的场地以及材料皆源于幼儿园,以确保是在熟悉的环境中开展的趣味运动,从而帮助幼儿收获一定的运动技能及相关经验,同时养成良好的运动习惯,并增强体能。幼儿可以在与自然的互动中体验快乐。本活动旨在引导幼儿养成良好的运动品质,并通过不断升级的难度,促进幼儿养成不轻易放弃、坚持到底的优秀品质;引导幼儿面对难题时能相互鼓励并合作,促进幼儿团队精神的养成。

**活动目标:**

1. 学习夹球跳,提高身体的协调性与灵敏性。

2. 勇于接受挑战,不断发现腿部夹球的奥秘。

**活动过程:**

1. 调动身心

让幼儿通过球操热身,鼓励幼儿自主玩球。引导幼儿用各种方法玩球,鼓励幼儿使用不同玩法,并交流分享玩法。

重点提问:谁愿意把新玩法和大家分享?还有不一样的玩法吗?他是怎么玩的?用什么来夹球?

小结:小朋友想出了用脚夹球跳,想不想去试一试,要把球夹住哦!

【设计意图:引导幼儿通过热身活动,唤醒已有经验,为后续的新玩法做准备。】

2. 自由探索

(1) 初步尝试夹球跳

鼓励幼儿多次尝试夹球跳,获得初步经验。

重点提问:如何把球牢牢夹住?

小结:夹球的位置、夹球的力道都与夹球的牢固度有关系。

(2) 再次练习

过渡:接下来有两个闯关游戏,你们准备好挑战了吗?

【设计意图:通过两次探索,引导幼儿关注夹球跳的各类经验,为下一环节的闯关游戏梳理经验。】

3. 闯关游戏

(1) 信号游戏

融合先前经验,跟随口令与鼓声信号变化动作与速率。

重点提问:快或慢的鼓声分别代表什么意思?

小结:你们的本领真大,能依据不同信号做出相应的回应!

分为两组,面对面地使用夹球跳方式到达终点,过程中注意躲避。

【设计意图:让幼儿通过听辨口令、信号的变化作出相应的夹球跳动作。缓慢上升整体的运动节奏。】

(2) 打野鸭游戏

互动前,提醒幼儿根据个人情况脱衣并适当休息。

开展游戏:打野鸭

小结:你们真厉害,能利用夹球跳的本领躲过了"猎人"的攻击。

【设计意图:通过游戏进一步丰富变速变向夹球跳的相关经验,以增加游戏挑战性,提升幼儿运动心理负荷,促进其开展持续学习的动力。】

4. 放松整理

重点提问:你喜欢今天的游戏吗?为什么?

小结:今天大家不仅掌握了夹球跳的本领,还利用它通过了各项挑战。给大家点赞。

【设计意图:降低心率,拉伸肌肉,恢复到平静状态。】

### （三）游戏——重自主

自由选择,自愿参与,自我表达,自主创造。

### 案例一:沙地里面造座桥(过艳华)

沙水游戏是孩子们极其感兴趣的一项活动。除了挖坑、蓄水,孩子们又期待什么? 教师又能在其中支持什么? 有一天,我发现了教师可以和孩子在沙水游戏中开展活动的契机。

### 故事一:我要造座桥

沙水游戏初期,宣宣造了一座这样的桥。分享交流时,我邀请宣宣和孩子们聊聊这些小桥。这些都是孩子们对这座桥的感受。

当我发现孩子们架起这座桥的时候,内心有欣喜也有不满足。欣喜于这是我们这片沙地里的第一座桥;不满足于这座桥其实可以更像桥,能更复杂、更坚固。但是我没有第一时间表达自己的任何想法,而是等待孩子独立思考、独立实践。

过了几天,宣宣和几个伙伴约好了一起造桥,他们制订了"造桥计划"。

### 故事二:我要造座冲不垮的桥

我问:"今天你们要造什么桥啊?"

他们大声地回答:"我们要造一座冲不垮的桥!"

我既赞叹又质疑道:"你们想到办法让桥冲不垮了吗?"恒恒看到有同伴用沙和水混合成"混凝土",自己也想来做"混凝土"。孩子们将水和沙混合,糊在砖头中间层层叠起,桥又造起来了。然然发现"混凝土"遇到水就酥化了。

"那怎么办呢?"我继续站在一边问道,并观察孩子们的表现。他们重新取了水和沙,再一次混合,一边搅动。原来孩子们想要通过改进沙和水的比例来加固桥。只见他们用砖头铺在下方,上层用沙水混合物来加固。萱萱说:"这不是"混凝土",这是'沥青'。"

在这一次的游戏后,很多孩子都记录下了这一时刻,作为今天的游戏日记。

通过边观察边对话,我适时地提出驱动性问题,陪伴和支持孩子们的探索兴趣。游戏后陪伴孩子们记录游戏日记,记录下今天的收获、经历和困难。通过卡纸、标签条、线圈本等材料的支持和创设,师幼互动也从游戏发生的现场延伸到孩子游戏的前、中、后整个过程中。

**故事三:我要造座不一样的桥**

女孩萱萱利用石阶和沙地的高度落差,造出了一座斜的桥。

我回应她:"为什么小桥能让小船顺势而下呢?"

萱萱说:"因为我的桥是斜的呀。"

我拿起一颗小球试了一下,小球在半路减速并最终在中间停了下来。随后,萱萱拿来一根水管接在桥的上端。当水龙头打开,水流的冲力增大,小球和小船顺利通过了桥。之后,萱萱用各种材料尝试,并与伙伴们讨论起来……

在沙水游戏中和孩子们一起突破游戏的瓶颈、创造新的游戏内容和游戏经验的过程,让我感悟到有效的师幼互动要根据纲领性文件,用心回顾、复盘和分析孩子的行为,顺应孩子年龄特点和发展规律,积累关于互动对象、互动时机、互动内容、互动方式、互动效果的经验。在孩子们实践成长的过程中,我特别关注幼儿发起的互动,与孩子们一同游戏,或放手让他去尝试,结果往往比预期更令人惊喜。适当的时候伸出援手,可以帮助孩子成功,并提升自信。有时,持续的关注和适时的互动(即使是一周或两周),就能帮助孩子们通过合作来克服困难并不断取得成果。

**案例二:吼!我是大恐龙(沈青)**

**镜头一:怎么又是恐龙呢?**

"老师,诚诚不让我玩恐龙。"云云委屈地向我抱怨。

我望向诚诚和云云的方向,只见诚诚用手护着一筐恐龙玩具,连一只都没给云云。

"哇,我是大恐龙。"边说边用积木给这些恐龙围起来,其中一只的恐龙肚子前还放着一个圆形的蛋。

直到游戏结束,诚诚都一直与他的恐龙们在一起。在分享交流时,诚诚说:"我今天玩了恐龙,给恐龙搭了高高的东西,恐龙还生了蛋。"

我识别到了诚诚对于恐龙的认知水平,并从他的话语中可以看出,他知道恐龙是高大的。在绘画中,他能够识别出恐龙的头部、尾巴和角,并且喜欢一切关于恐龙的话题。

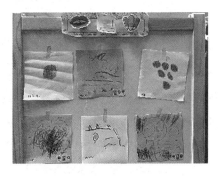 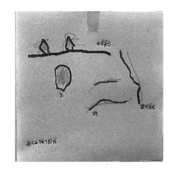

### 镜头二:你知道的龙好多啊!

"诚诚今天带来了一本他很喜欢的书和恐龙玩具和你们分享。"我向小朋友们说道。我拿出《恐龙大世界》,注意到书页上有被玻璃胶修补过的痕迹。小朋友们的视线也立刻被这本书所吸引。诚诚接过《恐龙大世界》,熟练地翻开书页,找到了他最想分享的那一页。小朋友们都聚精会神地看着他。

"这是吉龙、三角龙、冠龙、双管龙、甲龙、副栉龙。"他一口气介绍着不同品种的龙。

小马达说:"你知道的龙好多啊。"

我整理了诚诚与恐龙之间的故事,并与诚诚爸爸进行了交流。诚诚爸爸表示,他每天晚上都会问诚诚,今天玩了什么?每次听到诚诚都告诉他玩的是恐龙,没有其他内容,他感到有些不耐烦,认为诚诚没有取得进步。诚诚爸爸说:"我不会再因为你玩恐龙而表现出不耐烦了。"

一天,诚诚爸爸问我:"诚诚轻度肥胖,总是想让他多吃蔬菜,在幼儿园都能吃,在家怎么就吃得那么不爽气,很愁。"

"诚诚在园吃蔬菜的时候也不是很喜欢,但是当我们告诉他,他是利琳龙的时候,他就会主动吃蔬菜了。你可以试试这个方法。"我回复道。

不久,我就收到诚诚爸爸这样的回复:"这个利琳龙比爸爸妈妈还管用。"

这让家长了解到幼儿在游戏中的发展水平以及在家园共育中需要的配合。同时,它更让家长重视幼儿的过程性成长,并了解学习过程中最为重要的是什么,以及如何支持幼儿。这使家长开始学习如何从儿童的视角出发欣赏幼儿的成长。作为教师,我们要做好观察者、陪伴者和记录者的角色,关注幼儿全面、长远的身心健康发展。

### (四)学习——重价值

培养儿童在科学价值和发展价值方面的知识、技能与能力,提升儿童的学习品质,鼓励儿童分享经验、交流和互动,以及通过各种方式实现自主学习的价值。

**集体学习活动一:小方桌,我做主(过艳华)**

**设计意图:**

本节集体教学活动源于孩子们是在参与"自选餐桌"活动中发现的问题。在自主摆桌子、选座位的过程中,出现了桌子的摆放、座位数量等问题。《上海市幼儿园幼小衔接活动指导意见》中的幼儿发展目标指出,"对各类学习活动有好奇心和探索愿望、有初步的逻辑思维和解决问题的能力"。活动通过"摆放小方桌"的游戏,支持幼儿利用已有的序数经验、整合桌子的摆放经验发现并解决生活中的实际问题,并在发展逻辑思维的同时体验为同伴考虑、热爱班级的美好情感,以及愿意为集体服务的价值。

**活动目标:**

1. 尝试理解桌子和座位的不同组合、数量及其与实际问题之间的关系,能用围圈数等计数方法了解不同摆放情况下的座位数量。

2. 愿意自主安排班级中的桌子摆放,体验解决问题的乐趣。

**活动过程:**

1. 聊聊桌子,激活兴趣

引出话题。

重点提问:平时一张桌子坐几个人? 你是怎么数的?

小结:一张桌子能坐四个人。而且我们每天有这么多事情在桌子边完成,小方桌陪伴了我们三年的时光。

【设计意图:唤醒孩子们对桌子使用的记忆和情感。和孩子们讨论桌子边可以坐几个人,关注他们数数的方法和过程。】

2. 设计桌子,解决问题

过渡:平时我们除了会出现一张桌子坐四个人的情况,还会怎么坐?

(1) 两张"桌子"试一试

规则介绍:每个人尝试摆放两张"桌子",数数可以坐几个人。

重点提问:大家去试试两张桌子可以怎么摆放? 这样摆放,可以坐几个人?

小结:教室里的桌子有时分开,有时合起。合起来坐的人数少,分开来坐的人数多。

【设计意图:给予每一个孩子尝试的机会,在操作的过程中去体会"在多张桌子情况下,分与合坐下的人数是不同的"相关经验。】

(2) 四张"桌子"我设计

重点提问:四张桌子你们怎么摆放? 不同的摆放又可以坐几个朋友?

小结:相同数量的桌子经过不同的组合可以满足不同的人数需要。不同的摆放可以满足不同的活动需要。

【设计意图:以"四张桌子如何摆放"为问题驱动、通过"设计师"的情境辅助,让孩子在独立自主的情况下自主设计桌子的摆放并积累围圈数等计数的经验。】

过渡:刚刚我们每个设计师的答案各不相同,真有小主人的样子。更大的挑战等着你们哦。

(3) "十人围桌",我做主

规则介绍:四个小朋友组队并完成任务;要满足 10 个小朋友正好入座,桌子可以怎么摆；在三分钟时间内完成任务。

【设计意图：这个环节给孩子提出四人合作的要求，激发孩子在互相合作、互相学习的过程中更快更有效地解决问题。】

### 集体学习活动二：玩泡泡（顾倩文）

**活动背景：**

这是一节小班的集体活动，名称是"玩泡泡"，活动的设计灵感源于幼儿的日常生活。玩泡泡是幼儿生活中常见、常玩的一种游戏，也是幼儿非常喜欢玩的游戏。在本次活动的设计中，教师以游戏"玩泡泡"作为切入点，从幼儿的兴趣入手，充分利用他们的好奇心并调动其积极性，充分创造、利用自然条件和实际生活机会，引导幼儿通过观察、操作等方法，学习如何发现问题、分析问题和解决问题，帮助幼儿在探索的过程中不断回顾、积累经验，在大自然和社会文化生活环境中丰富其想象力和创造力。

这是《3～6岁儿童学习与发展指南》的合理期望。在《3～6岁儿童学习与发展指南》科学领域中科学探究的目标1"亲近自然，喜欢探究"中提到：经常问各种问题或好奇摆弄物品，目标2"具有初步的探究能力"中提到：能用多种感官或动作去探究物体，关注动作所产生的结；社会领域中人际交往的目标1"愿意与人交往"中提到：愿意和小朋友一起玩游戏。

**活动目标：**

1. 在玩不同泡泡器的游戏中发现不一样的泡泡。

2. 体验户外游戏的乐趣。

**活动过程：**

1. 游戏导入，聊一聊看见的泡泡

一起玩泡泡。

【设计意图:在这个环节中,和孩子们一起回顾以前玩过的泡泡游戏,激发幼儿参与活动的兴趣,旨在让幼儿在游戏中观察泡泡的主要特征(形状、大小等),为后面的环节做好铺垫。】

2. 自主选择,尝试玩出不同的泡泡

(1) 第一次玩泡泡

【设计意图:第一次幼儿的游戏尝试,是通过让幼儿自主选择感兴趣的泡泡器,初步尝试探索玩泡泡的方法。幼儿在操作时教师重点关注幼儿使用工具的方法;幼儿有没有成功玩出泡泡;幼儿选择的工具有哪些,鼓励幼儿将个体经验分享给同伴,生生互动;从而更好地调动幼儿的兴趣,为第二次操作做铺垫。】

(2) 第二次玩泡泡

【设计意图:第二次幼儿的游戏尝试,是在之前的分享基础上,让幼儿再一次自主选择感兴趣的泡泡器。教师重点关注幼儿是否更换了泡泡器;幼儿是否成功玩出不同的泡泡;从而帮助幼儿在探索的过程中不断回顾、积累经验。】

(3) 第三次玩泡泡

【设计意图:通过问题设置,鼓励幼儿想办法把泡泡留下来,从而引发第三次幼儿的游戏尝试。通过前两次的游戏,幼儿对工具已经有了一定的了解,而把动态的泡泡留下变成静态的画面更利于幼儿观察和比较泡泡的各种形态。】

3. 兴趣延伸,拓展分享到游戏活动中

将幼儿的创作放到游戏活动中,引导幼儿继续欣赏、分享、创作和使用。

【设计意图:玩泡泡源于幼儿的生活,把集体活动中完成的作品放到幼儿的活动中,更能激发幼儿的兴趣。】

### 案例：我和太阳做游戏（沈蓓莉）

在"儿童发展优先"理念深入教师日常工作的当下，我有幸成为"柔活幼儿一日在园生活四类活动时间与边界，支持幼儿主动学习的研究"项目组成员。我内心期待着能通过打破时空的边界感，让幼儿在柔活的过程中习得经验。于是，在活动之后通过回溯形成的方案由此诞生。

**回溯式方案**

**活动名称：小手小脚晒太阳**

**活动背景：**

秋高气爽，孩子们用自己的方式感受暖阳。散步时，孩子们主动发起讨论，与阳光互动，与身边同伴分享，每位幼儿都对此充满了兴趣。

**活动目标：**

1. 初步感受当太阳光照在皮肤上时暖暖的感觉。

2. 喜欢并愿意与同伴分享玩乐中的各种感受。

**活动过程：**

1. 以生活活动为开端

（1）我们一起晒太阳

我和太阳打招呼。

重点提问：找找太阳公公在哪里？阳光晒在身上感觉怎么样？

小结：原来，太阳高高挂天上，阳光晒在身上暖暖的。

（2）一起聊聊晒太阳

重点提问：你以前晒过太阳吗？和谁一起？在哪里？怎么晒的？为什么要晒太阳？

小结：和家人朋友一起，在公园里、小区里……背对太阳晒一晒，可以增加人体对钙的吸收。

【回溯思考：教师通过打破时间空间的阻隔让孩子们主动习得对自然生活的感受、认知与表达。此外，小班孩子最喜欢的就是聊"我和爸爸妈妈一起……"当他们聊起来时，各种各样的经历非常精彩。】

2. 融入幼儿的学习探究

（1）小脚小手晒太阳

可以怎么晒?

重点提问:小脚穿在鞋子里,小手藏在袖管里,可以怎么晒?

(2) 晒一晒,摸一摸

重点提问:你们想晒一晒自己的小手小脚吗? 可以自己脱鞋和袜子吗? 露出的手臂、小腿和小脚晒过太阳之后感觉怎么样? 跟没露出来时感觉一样吗?

【回溯思考:鼓励孩子们运用肢体动作参与活动,引导他们通过触觉感知并深入探索。】

3. 融入幼儿的游戏互动

(1) 太阳底下玩一玩

小手和小脚碰小草。

重点提问:小手碰碰小草时,感觉怎么样? 小脚碰小草时,感觉怎么样?

(2) 小手和小脚摸大理石

重点提问:小手摸大理石时,感觉怎么样? 小脚踩大理石时,感觉怎么样? 赶紧试一试,小脚踩在哪里时的感觉不是凉凉的?

【回溯思考:有的孩子脱袜后直接把脚放在大理石地面上时马上缩了回去。他们发现大理石地面的冷与太阳照在身上的暖形成鲜明对比。】

4. 回归生活活动

我和太阳下次见,穿鞋穿袜回家喽。

重点提问:晒过太阳感觉怎么样? 会给暖暖的小脚穿上袜子和鞋子吗? 一起试试好吗? 可以怎么和太阳再见呢?

【回溯思考:从生活活动出发,孩子们在学习探究中了解裸露肌肤晒太阳有助于身体补钙的生活经验;有机会在自然环境下直接比一比谁的脚大,谁的脚小,在比较的过程中尝试区分长短……在与自然事物的互动游戏中,幼儿感受自然环境和事物带给自己的真切感受、真实体验。此外,生活活动带来的松弛支持幼儿在相互模仿过程中学习自理,如穿袜子、穿鞋子等。柔活不同的活动类型可以更有效支持幼儿的发展。】

### （五）大活动——健康教育主题

我园对健康教育的追求渗透于一日活动细节的方方面面，并在发展中不断迭代创新，在实践中不断追求优质，为培养上海市实验幼儿园的"每一位"而不懈努力。

#### 1. 健康月活动

每年5～6月是上海市实验幼儿园的健康月活动月。我们坚持科学导向，聚焦保教实践，深入观察了解幼儿，关注个体差异，加强师幼高质量互动，以家园协作的形式，观察幼儿、解读幼儿，支持幼儿发展，用行动阐释对健康的理解并共同享受健康带来的愉悦。以下为幼儿园健康教育主题月活动方案。

**"快乐户外，欢享健康"——上海市实验幼儿园健康教育主题月活动方案**

一、"健康月"的背景

为贯彻落实全国学前教育宣传月活动与普陀区学前教育健康月活动的主旨精神——"倾听儿童，相伴成长"，我园根据往年"健康月"实施经验，立足儿童视角，遵循幼儿发展优先理念，并且以家园协作的形式展开与推进活动，支持每一位幼儿的健康成长。

基于对区域"健康月"活动要求的解读，结合我园实施健康教育的初心，我们深刻体悟到成就"每一位"美好人生的使命感与责任感。所以本次活动我们以"快乐户外，欢享健康"为主题，聚焦户外两小时活动的实施与优化、户外活动与健康的关系等内容，引发幼儿、教师、家长三方共同参与，用行动阐释对健康的理解并共同享受健康带来的愉悦，助力"每一位"在活动中获取身心健康方面的体验与发展。

二、"健康月"的设计与组织

保教管理部负责方案的制订与落实。本次活动的组织与设计形式较以往来说，主要有以下几个突破：

一是充分听取教研组的相关建议，考虑健康月系列活动的实操性，共同确定健康月主题、目标、内容、具体实施安排等各项细节，制订上海市实验幼儿园健康月主题活动方案，并落实分工。

二是关注教师的课程领导力，以"5＋1"（5 个规定动作＋1 个自选动作）的方式展开，将部分活动的空间与时间赋权于教师，基于班本化需要设计与开展适宜的活动。

三、"健康月"主题与内涵

1. 关于传承与发展

上海市实验幼儿园一直以来就有很多令孩子、教师、家长都十分喜爱且难忘的活动，如我们的"帐篷节"、快乐"骑行日"、紫藤长廊下的午餐等。在不断创新的同时，我们希望将优质的做法深化、将更新的想法融入、将健康的理念延续。

2. 关于倾听与陪伴

基于本次健康月"倾听幼儿，相伴成长"的主题，回顾我园日常的各类活动，无论在线上还是线下，都已积累了一定的倾听与陪伴的有益经验。所以在整个健康月实施的过程中，我们继续倾听儿童与家长的声音，悦纳他们的想法，用正向的理念、温暖的陪伴做他们最有力量的支持者。

四、"健康月"目标与内容

快乐户外，欢享健康

主题目标：
幼儿
1. 尝试参与活动设计，积极体验、主动表达，感受健康成长的快乐。
2. 在健康月系列活动中逐步积累健康生活的经验和行为。
家长
1. 协商并探讨健康议题，关注、参与、实施健康活动。
2. 在陪伴幼儿健康成长的过程中增进亲子沟通和亲子情感。
教师
1. 鼓励与协助幼儿、家长积极参与健康月活动，共情他们的感受，支持他们在过程中的想法以及表达。
2. 思考"健康月"与课程实施的关系，初步探究教师课程领导力的生长点

（续表）

核心经验(参考普陀区幼儿健康教育维度)：
运动习惯与身体素质
生活习惯与自理能力
饮食行为与营养状况
安全意识与自护能力
情绪管理与适应能力

| 序号 | 分主题 | 具体内容 | 时间线 |
|---|---|---|---|
| 1 | 一次与自然亲密接触的"田野活动" | 结合我园五月"田野活动"展开<br>• 小班:共青森林公园亲子踏青<br>• 中班:steam 儿童体验中心远足活动<br>• 大班:上海动物园——"超萌动物探索营" | 5 月 4 日~5 月 11 日<br>具体见"田野活动"方案安排 |
| 2 | 一场沉浸式露营派对 | (1) 以儿童议事的方式开启活动<br>• 想要在幼儿园的哪里露营?如何露营?可以准备哪些材料?<br>• 露营午餐我做主,想吃些什么?怎么搭配?<br>• ……<br>(2) 选择同一场地的班级分别组队"安营扎寨",和孩子们共同创设露营地环境<br>(3) 教师、保育员、后勤人员确定点位,幼儿以游走的方式参与露营活动。身心松弛、全情投入于露营派对之中<br>(4) 紫藤长廊下的户外午餐 | 5 月 9 日~5 月 13 日<br>• 以"3+2"的形式展开,前三天分别为大班、中班、小班各一天露营日,后两天为留白日,为不够尽兴的班级/孩子留有更多空间和时间<br>• 每个级组以自己商议的方式展开露营派对,包括时间、空间的安排,体现师幼、家园等多维度的想法 |
| 3 | 一场酣畅淋漓的运动会 | 结合六一儿童节活动展开<br>• 集体项目<br>(1) 操节律动<br>(2) 拔河<br>• 接力赛<br>• 个人项目<br>(1) 竞速跑<br>(2) 单脚竞速跳<br>(3) 三角竞赛<br>(4) 穿越火线<br>(5) 流星球<br>(6) 赛车手 | 6 月 1 日<br>活动当天,在上午分年龄段进行,基本保证一小时/场<br>大班:8:00~9:00<br>小班:9:00~10:00<br>中班:10:00~11:00 |

（续表）

| 序号 | 分主题 | 具体内容 | 时间线 |
|---|---|---|---|
| 4 | 一份双向奔赴的健康/成记录 | （1）来自家委会提出的设想，从双向视角出发，推进此项活动：<br>幼儿视角——小眼看健康<br>家长视角——健康观察员<br>（2）通过可视化的记录方式发现和捕捉生活中的健康时刻（形式举例：摄影、视频录像、画语表达、故事会等）<br>• 小班：身体棒棒的我们<br>• 中班：我们的"小情绪"<br>• 大班：上小学，我准备好啦 | 5月16日～5月31日周期性活动，在这段时间里不限频次和方式，每个家庭都可以有自己个性化的记录积累和呈现 |
| 5 | 一场回忆满满的"健康发布会" | （1）以班本化的方式复盘健康月的各项活动，开一场属于自己班级的"健康发布会"<br>（2）本班形成的"健康发布会"内容在教室门口、长廊等公共区域进行共享，使之成为一场全园联动的"健康发布会" | 6月2日～6月9日 |
| 6 | "×" | 由班级教师自定义活动方式，以健康教育为出发点，开展适合本班的自选系列活动，如家长进课堂、幼小衔接活动、撰写观察识别案例等 | 5月4日～6月9日 |

五、健康月实施环境与组织准备

1. 基于儿童视角的环境创设

本次户外环境创设分两部分，其一为"户外露营派对"，另一为"健康发布会"，在创设相关空间与环境时充分倾听、考虑孩子的想法，并与孩子进行共建。

2. 各部门之间的沟通与衔接

考虑活动实施中可能出现的影响因素，商议户外活动需要预设的点位以及需要提供的帮助（可提前与保教管理部沟通）。保教管理部会与其他部门积极协商，确保儿童在欢享健康的同时拥有安全保障。

3. 各类活动整合的意识和行动

健康月活动只是健康教育实施的一个载体，更需要教师在实施的过程中思考活动背后的价值以及对儿童健康发展的意义与促进作用。因此，教师应摒弃一些固定的思维定式，尝试在实施过程中放手，尽可能与其他各类活动进行整合，如大班的幼小衔接、协商式家园互动等，进一步深化全面育人的理念。

4.关注活动中的"每一位"

在健康月活动中,我们倡导关注每一个孩子、每一个家庭的个性化需求,不以某几个孩子的意见为主导,尤其要关注孩子、家庭之间的差异,倾听不同的声音、汲取不同的想法,力求让"每一位"都能在健康月有所表达,有所收获。

2. 两室一厅

"两室一厅"指的是"宝宝门诊室""宝宝营养室"和"宝宝议事厅",是上海市实验幼儿园的健康平台,是有目的、有计划的一种健康活动方式,旨在增加健康知识、提升健康认知,并最终通过养成健康的生活方式来保持和促进健康,提高生活质量。

(1)"两室一厅"的活动结构

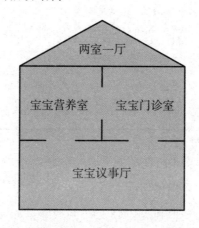

宝宝门诊室:基于幼儿健康发展需求,开展健康问诊。这里是在幼儿与驻园医生、保健教师之间开展随时随班的医教结合活动的场所。主要针对幼儿早期身心行为异常开展幼儿身体生长发育、疾病预防、心理健康辅导等,为幼儿答疑解惑,保障幼儿的健康身心状态,提高幼儿自我健康认知水平。

宝宝营养室:落实健康食育,由幼儿和营养指导员(包括营养专家、家长代表、烹饪大厨等)共同参与。既关注全体幼儿,结合节气开展健康膳食活动,以幼儿为主,营养指导员为辅,一起体验膳食的制作过程,体会不同食物的营养价值;关注个性化需求,针对不同的幼儿(各类体弱儿)探究科学合理的营养膳食并开展饮食营养活动,从而形成良好的营养认知,为幼儿健康成长奠定基础。

宝宝议事厅:收集健康议题,以幼儿为主,驻园医生、家长代表、幼儿园教职工为辅,让幼儿自主参与研究,参与幼儿健康管理,提升幼儿的自我健康认知(如健康的心理、自我评价及评价他人等),为幼儿健康成长提供支持。

"两室一厅"活动不是割裂的,是相互联系的,其中宝宝议事厅是"两室一厅"活动的中心,以议事为主;宝宝营养室和宝宝门诊室主要开展实践体验活动。

（2）"两室一厅"的设计原则

"两室一厅"活动的设计以《3～6岁儿童学习与发展指南》和《幼儿园教育指导纲要（试行）》中的健康领域的目标为导向。活动对象是幼儿,保健教师、教师、校医作为陪伴者,旨在让幼儿树立正确的理念,指引他们向正确的方向发展。同时,"两室一厅"活动既关注全体幼儿,也聚焦个别幼儿,充分体现了"两室一厅"活动对象的整合性和个别性。

对"两室一厅"活动,我们需要仔细分析和精心筛选,确保所选活动既可操作又能有效增加幼儿的健康经验。因此,在筛选过程中,必须遵循以下原则,以保障活动的顺利进行。

教育性原则。活动设计目的是希望通过活动促进幼儿健康成长。因此,在活动内容设计的过程中,要把握重点、关注难点,用幼儿能听懂的语言,将枯燥抽象的健康知识转化成有趣且看得见摸得着的内容,让幼儿获得健康知识,养成健康行为。

适宜性原则。在前期确定的健康要素中,有些活动可融合宝宝门诊室、宝宝营养室、宝宝议事厅活动,如疾病认知、体质认知等,而有些活动只适合宝宝门诊室和宝宝议事厅活动,如安全认知、卫生认知。因此,在活动的设计上,研究者要先进行思考,有目的、有计划地选择适宜的活动方式。

安全性原则。保健教师并非一线带班教师,在课程的把控性、幼儿的互动性方面比较欠缺。在活动的过程中,幼儿可能不听从指挥,以自我为中心,易引发安全问题。因此,保健教师在活动开展的同时,需要特别关注安全问题,以确保幼儿的安全。

（3）"两室一厅"活动的主题式内容

针对幼儿健康状态、健康知识和健康行为等现状,根据幼儿的思维发展水平、生活经验、要素本身的特点以及教育因素,设计开展"两室一厅"主题活动。

在设计的过程中,我们发现活动不仅要包括教师预设的活动,也要包括幼儿生成的活动。

举例:体质认知

在每学期的健康检查中,保健教师发现部分幼儿体检数据异常。在与幼儿平时的聊天中,有的肥胖儿告诉教师:奶奶说,现在胖点没关系,长大就好了;有部分营养不良的幼儿存在挑食偏食的情况;过敏幼儿对于自己过敏的食物不太清楚。针对这些情况,我们开展了相应的活动。

表 3-1 "体质认知"主题框架

| 幼儿自我健康认知 | 健康认知要素 | 活动指向 | 活动类型 |
|---|---|---|---|
| 体质认知 | 营养不良 | 宝宝门诊室"我的体检报告:营养不良" | 教师发起 |
| | | 宝宝议事厅"我要加营养" | 幼儿发起 |
| | | 宝宝营养室"营养晚餐" | 教师发起 |
| | 肥胖 | 宝宝门诊室"我的体检报告:肥胖" | 教师发起 |
| | | 宝宝议事厅"我运动,我快乐" | 幼儿发起 |
| | | 宝宝营养室"宝贝的轻体餐" | 教师发起 |
| | 贫血 | 宝宝营养室"大力补血餐" | 教师发起 |
| | | 宝宝议事厅"补血食物有哪些" | 幼儿发起 |
| | 过敏 | 宝宝议事厅"过敏了怎么办" | 幼儿发起 |
| | | 宝宝营养室"幼儿园的过敏餐" | 教师发起 |

以肥胖活动为例,依据幼儿园体检情况,保健教师将全园的超重或肥胖幼儿集合在一起,开展宝宝门诊室活动。

【宝宝门诊室活动方案】"我的体检报告:肥胖"

幼儿自我健康认知目标:

1. 通过体检,了解自己的身体情况。

2. 知道超重对身体有哪些影响。

活动形式:宝宝门诊室

参与对象:超重、肥胖的幼儿、保健教师、校医、家长

活动准备:人体模型、动画、诊疗器、绘本等

活动参考：

**活动一：测量身高体重**

1. 幼儿测量身高体重，保健教师、校医与幼儿一同记录。

参考互动：你的身高是多少？和什么一样高啦？你的体重是多少？和哪些东西一样重？

医生梳理：分析幼儿的身高体重，告诉幼儿标准体重是多少，并让幼儿自己称一下。

2. 幼儿可以自己绘制或者在成人的帮助下绘制身体轮廓图，作为自己的记录。

3. 医生对每一位幼儿的身体情况作出判断，并提供建议。

**活动二：胖胖真的好吗**

1. 阅读绘本，了解肥胖对生活带来的影响。

提问：胖胖真的好吗？会有哪些困难？

医生梳理：太瘦或太胖都对身体不好，超重或肥胖会让我们的心脏很累，也会影响我们对其他营养的吸收。

**活动三：医生大会诊**

1. 幼儿结合自己收集、整理的问题与医生互动。

2. 医生依据幼儿的情况，给幼儿相关建议。

提问：你知道可以怎么样照顾自己吗？在家里，爸爸妈妈是怎么做的？

医生梳理：让自己的身体强壮起来，需要我们运动健康，也要吃得健康。多吃蔬菜，在饭前先喝汤，少吃油腻的食物，都能让我们保持合适的体重。

**活动四：家园个性化门诊**

1. 现场对幼儿进行身高体重的体检。医生与家长、幼儿一起分析体检报告。

2. 家长分享家庭的育儿困惑和问题。医生解答并提供建议。

在一次运动后的休息中有幼儿感叹："今天运动完有点微微出汗，真舒服啊！"随后又有幼儿向教师提出这样的问题：为什么要多运动，运动对身体有什么好处呢？由此引发起了一次以"我运动，我快乐"为主题的宝宝议事厅活动。

**【宝宝议事厅活动方案】"我运动,我快乐"**

幼儿自我健康认知目标:

1. 初步探索运动中自己身体的一些明显变化。

2. 了解运动中的保健常识,并形成健康的行为。

活动形式:宝宝议事厅

参与对象:超重或肥胖的幼儿、教师、校医

活动准备:蔬菜、炊具、菜谱等

活动参考:

**活动一:运动的好处**

互动参考:为什么要运动呢? 运动能有什么好处? 每天需要运动多少时间最佳呢?

教师梳理:通过讨论及前期资料的收集,幼儿能知道运动带给身体的益处,多锻炼有益健康。

**活动二:身体的变化**

互动参考:玩"准圈圈"游戏,一次快一次慢,比较其中感觉的不同;玩"萝卜蹲"游戏感受小腿肌肉的变化。

教师梳理:除了身体肌肉上的变化外,我们的呼吸、面色、心跳都发生了变化。

**活动三:测测自己的心跳**

互动参考:根据校医的示范,幼儿通过触诊桡动脉的位置,静数1分钟,来测算心脏跳动的次数。

教师梳理:根据测量的心跳结果来知道自己的运动量是否足够。

基于超重或肥胖幼儿的情况和需求,保健教师可以开展宝宝营养室活动,让幼儿参与制作"轻体餐"。

**【宝宝营养室活动方案】"宝贝轻体餐"**

幼儿自我健康认知目标:

知道蔬菜里有丰富的膳食纤维。

活动形式:宝宝营养室

参与对象:超重或肥胖的幼儿、保健教师、大厨

活动准备：蔬菜、炊具、菜谱等

活动参考：

**活动一：大厨介绍**

提示：今天我们要制作轻体餐"五彩荤素丝"，它的材料是肉丝、蔬菜（茭白、胡萝卜、青椒、洋葱）。

幼儿感受蔬菜的味道，通过看一看、闻一闻、摸一摸的方式认识蔬菜。

提问：为什么这些蔬菜可以降低体重？

大厨讲解：这些蔬菜里含有丰富的膳食纤维，可以增加肠道的蠕动，把体内脂肪消耗产生的垃圾排出体外。所以有意识地食用蔬菜能够更好解决肠道问题。这道菜热量很低，可以有助于保持合适的体重哦！

**活动二：幼儿制作**

幼儿在大厨的提示下自己动手切一切、做一做、煮一煮，感受食材的变化。大厨展示烹饪过程。

**活动三：幼儿品尝菜肴（结合幼儿午餐）**

在宝宝门诊室中，校医对体检报告进行分析，让幼儿和家长了解肥胖的危害，获取健康知识；在宝宝议事厅中，幼儿通过讨论，了解运动的好处，并根据自己身体的变化来判断运动量是否足够；在宝宝营养室中，在大厨介绍后，幼儿自己动手制作食物，并感受食材的变化。

## 二、选择性课程

### （一）"调味"情绪

注重情感、态度、情商的自我管理和发展。不同年龄段要有所侧重，如小班幼儿的重点是沟通和表达，中大班幼儿的重点是积极情绪养成及自我情绪调适和管理。情绪课程不仅仅局限于一节绘本课中，还要融入各类环境、一日活动中。

情绪，是人心理过程的重要组成部分，积极的情绪状态对个体的生活质量和健康人生有着很大的影响。我园以"阅读治疗理论"为依据，从"健康教育"课程架构与实施的视角，通过对 3～6 岁幼儿情绪发展特点的现状分析，选择合适的优秀绘本，充分挖掘其在推进幼儿健康情绪发展过程中的价值和作用，开发适合并能有效推进幼儿健康情绪发展的园本化课程实施方案,为幼儿心理和人格的健康打下基础。

　　情绪教育内容点在年龄段之间的过渡较为自然,每年龄段间都有若干比较重叠的情绪作为中间地带。每一年龄段的情绪教育内容点都满足了积极情绪和消极情绪的组合,使得教育内容更加丰富和饱满。

表 3 - 2　不同年龄段情绪教育内容点

| 年龄段 | 情绪教育具体内容点 |
| --- | --- |
| 小班第一学期 | 开心,伤心,难过,焦虑 |
| 小班第二学期 | 喜爱,讨厌,着急,害怕 |
| 中班第一学期 | 甜蜜,生气,愤怒,担心,委屈 |
| 中班第二学期 | 羡慕,害羞,骄傲,得意,忧郁 |
| 大班第一学期 | 自信,自豪,自卑,烦恼,贪欲,嫉妒 |
| 大班第二学期 | 幸运,自尊,期望,失望,孤独,羞愧,紧张 |

**集体学习活动一:猪哥哥照镜子(周斐)**

**设计意图:**

　　在生活区教师们常常会根据幼儿的需求提供镜子。在这个环境中,孩子们喜欢和镜子互动,乐于参与照镜子的游戏。在照镜子的过程中,孩子们会关注自己的五官及表情等。所以基于《上海市幼儿园办园质量评价指南》(以下简称指南)中子领域"人际交往——关心和尊重他人"提到的"感知他们的表情及变化等行为表现",结合小班幼儿的年龄特点,我设计了该活动。以故事"猪哥哥照镜子"为主线,通过游戏的形式,和孩子们一同开启了一场有关"情绪识别与表达"的活动。在活动中,通过识别、模仿猪哥哥的表情、肢体动作、细节动作等,让幼儿尝试用表情、行为、语言等方式进行情绪的表达。

**活动目标:**

　　1. 观察模仿故事中猪哥哥的不同表情,识别它的情绪。

　　2. 乐意在照镜子的情境中自然表达自己的情绪。

**活动过程:**

　　1. 照镜子,导入绘本

（1）照镜子,感受镜子的作用

重点提问:照镜子中你们发现了什么?

小结:照镜子的时候,我们做什么,镜子里面的"我"也会做什么。

你们一般什么时候会照镜子?

小结:在早晚刷牙或梳妆打扮的时候,我们会照镜子。今天故事里的主人公也很喜欢照镜子。

【设计意图:唤醒孩子们对照镜子的情感和记忆,引出故事。】

（2）介绍故事主人翁,导入绘本

过渡:看看他是谁? 和他打招呼。

【设计意图:让孩子们在和小猪打招呼的过程中,融入情境,并积累礼貌用语。】

2. 共读绘本第一部分,模仿小猪照镜子

（1）开心/伤心的小猪

重点提问:猪哥哥是怎么照镜子的? 我们来学一学。

小结:猪哥哥眉毛弯弯、嘴角上翘。猪哥哥开心地笑了,镜子里的小猪也开心地笑了。

你觉得猪哥哥怎么了?

小结:猪哥哥的眉毛和嘴角都向下弯了,好像要哭了一样。猪哥哥伤心,镜子里的小猪也伤心了。

【设计意图:尝试通过表情识别猪哥哥的情绪,在模仿中积累识别开心/伤心情绪的经验。】

（2）生气的小猪

重点提问:"领结找不到了",猪哥哥会有什么小情绪呢? 那镜子里的小猪会怎样呢?

小结:眉毛皱起,眼睛和鼻子变大,小手也撑了起来,猪哥哥生气了,镜子里的小猪也生气了。

【设计意图:通过加入情绪的动作和细节表现,帮助孩子积累多元表达情绪的经验。】

（3）模仿小猪的不同表情照镜子

重点提问:你们还记得猪哥哥刚才有了哪些小情绪吗?

小结:有要去参加派对的开心,有找不到领结的生气,还有没有办法梳妆打扮的伤心。原来镜子里的小猪会因为不同的事情有这么多的小情绪。

过渡:让我们一起听故事,然后去学一学、做一做吧!

【设计意图:回忆故事中出现的情绪,在共同回顾故事中,模仿猪哥哥的表情,融入情境进行情感的体验,丰富情绪表达的动作和表情。】

3. 尝试理解,表达自己的感受

重点提问:泡泡越来越多了,快把整个玻璃都盖住了,猪哥哥现在的心情会怎样呢?

小结:同样是照泡泡镜子,有的……有的……看来遇到同一件事,大家也可能会有不一样的感受呀!

【设计意图:给予幼儿情绪表达上的经验拓展。】

**集体学习活动二:鲍勃的蓝色忧郁期(吴仪)**

**设计意图:**

本活动源于孩子们的心情日记,孩子用不同的颜色来表达情绪。那么面对忧郁情绪,是否也可以用艺术来进行调控呢? 指南中也指出,"艺术是人类感受美、表现美和创造美的重要形式,也是表达自己对周围世界的认识和情绪态度的独特方式"。在绘本《鲍勃的蓝色忧郁期》中,主人公用蓝色表达了忧郁,用暖色调表达了快乐,这种从蓝色到暖色调的情感过渡符合中班幼儿的年龄特点。活动使用电子白板和画展的方式让孩子沉浸式感受,通过多样化的材料,给予孩子充分表达艺术的机会,让孩子在多元体验中动情动感,以进一步达到色彩与情绪之间关联的目的。

**活动目标:**

1. 在绘本的情境中,理解故事中鲍勃的情绪变化。

2. 感受情绪可以用色彩进行表达。

**活动过程:**

1. 回顾绘本,唤醒回忆

(1) 唤起回忆

前几天,我们看了《鲍勃的蓝色忧郁期》,我们再一起看一看。鲍勃怎么了?

小结:没有了好朋友的陪伴,鲍勃难过极了。"我还是画画好了。"鲍勃说。

(2) 观摩画展

重点提问:为什么鲍勃的画都是蓝色的?

小结:蓝色也许是……也许是……也许是……,鲍勃太想念蝙蝠了,他的整个世界都变成了忧郁的蓝色,鲍勃用颜色表达了他的心情。

【设计意图:通过绘本里的情境再现,带领孩子们快速体验鲍勃忧郁的情绪,感受蓝色调带来的忧郁感。】

2. 进一步阅读与表达,帮助鲍勃走出忧郁

(1) 深入理解故事后半部分

重点提问:鲍勃是如此的忧郁,你们有什么好办法让鲍勃开心一点呢? 这时,鲍勃的心情会怎么样? 为什么? 那一天晚上,鲍勃做了一个美梦,他梦见了什么? 你们觉得他还有可能会梦见什么?

(老师根据幼儿的想象在白板上添画五彩的世界。)

小结:鲍勃的梦里充满了各种各样的色彩。他醒来以后,觉得整个世界都变得不一样了。他想让他的画展也变得彩色起来,你们愿意帮助他吗?

(2) 帮助鲍勃举办新画展

提出要求:活动室的周围有各种各样的材料,请你们选择喜欢的材料帮助鲍勃办一个新画展!

重点提问:谁来介绍一下,你是怎么帮助鲍勃找回快乐的?

小结:原来,颜色、材料、图案和线条都能传递快乐的心情。

【设计意图:通过白板的添画、不同材料的创作,提升幼儿的情绪体验和表达方式,让幼儿在操作的过程中感受情绪如何通过艺术来表达。】

3. 生活中的色彩与心情

(1) 回归绘本

重点提问:谁回来了? 蝙蝠看到这个画展,会怎么想呢?

小结:蝙蝠会很开心,看到蝙蝠回来的鲍勃会更加开心!

(2) 回归生活(看视频)

生活中有许多和鲍勃一样的大画家,他们也会用他们的作品传递情感。我们一起来欣赏一下吧。

【设计意图:通过多媒体的震撼视觉冲击力,进一步感受情绪与色彩的关联。】

**集体学习活动三:十面埋伏(孙家珺)**

**设计意图:**

我园积极寻找本土的绘本内容,挖掘绘本中相关情绪点,以更好地达成情绪调控的目的。本活动源于绘本《十面埋伏》。在活动中,通过创设相关情境,帮助幼儿更好地感受紧张的氛围,从而在面对各类紧急情况时让幼儿学会保持冷静并思考解决方法。在设计过程中,我们紧紧围绕"情绪"进行活动的设计与实施,旨在让幼儿在探索过程中通过使用方法策略解决自己情绪上遇到的问题。本活动也是更好地为幼小衔接做准备。面对陌生的环境以及各类困难时,保持冷静思考,自主调控情绪,尝试解决问题,这些都是未来小学生需要具备的品质。

**活动目标:**

1. 回顾故事《十面埋伏》情节,在情境中体验紧张等情绪。

2. 尝试在面对埋伏时冷静思考,合作突围。

**活动过程:**

1. 回顾故事,重返情境

(1) 出示图片,引发幼儿对故事情境的回忆

重点提问:这是什么故事? 被包围后,项羽的心情怎么样?

小结:正像你们说的那样,项羽确实非常紧张、害怕。

（2）出示第三张图

重点提问：当被围困时，我们可以怎么做？

【设计意图：本环节让幼儿通过回顾故事情节从而感受紧张情境，这呼应了活动目标一。通过角色扮演，帮助幼儿更好地沉浸于情境中，也为后面突围做铺垫。】

2. 进入埋伏，尝试突围

（1）第一次突破重围

重点提问：士兵们，此时你们心里怎么想？

小结：冲出包围确实很开心，被人围堵时确实很紧张……

（2）第二次突破重围

重点提问：如何才能突围？锁在哪里？如何打开锁？

（3）幼儿尝试操作，师生共同回顾游戏过程

重点提问：如何突围？

方法调控：钥匙和锁的匹配，如大小、颜色。

情绪调控：克服紧张的情绪，冷静下来。

如何冷静下来？根据现场回应进行梳理。

（4）第三次突破重围

重点提问：这次你们用到了哪些秘籍？还有什么新的秘籍可以帮助你？

小结：是啊，小兵们，虽然我们在面对埋伏时可能会紧张害怕，但能用很多办法冷静下来认真思考。当我们团结起来，一起合作，就可能胜利突围。

【设计意图：两次突围是整个活动的高潮，在第一次突围中幼儿多处于紧张状态，随之而来的就是慌乱、无序，这些因素会大大影响开锁速度。所以第一次失利是可预期的。教师的帮助是为了让幼儿在第二次突围时能冷静下来，并使用各类方法进行突围，这呼应了活动目标二。通过两次突围结果的对比以及整理的秘籍，让幼儿了解在面对紧张的情境时只有冷静思考并获取方法，才能解决难题。】

3. 活动延伸，突围之后

过渡与延展：今天我们突围成功，这本秘籍就交给你们了。在以后的生活中也有可能会遇到各种紧急的情况，希望你们能用到这本秘籍，也可以继续补

充秘籍更多好方法。士兵们! 撤退!

情绪活动不仅仅停留在一节绘本课中,还融入各类环境及一日活动中。以下两篇案例是除了情绪绘本教学之外,一日生活其他环节中的情绪教育活动。

**案例一:给我一个心情,送你小猪一家的故事(潘淑颖)**

**活动背景:**

中班孩子的情绪比小班更为稳定。我们尝试鼓励幼儿关注情绪,在小班幼儿掌握的识别情绪的能力基础上理解情绪(包括自己的情绪和他人的情绪),以及理解情绪产生的原因。在设计情绪个别化活动时,我发现孩子们对"小猪佩奇"的动画形象非常喜欢,里面的故事情节很有趣且充满生活气息。因此,我就选用"小猪佩奇"形象来作为个别化学习活动的主要素材设计了三个层次的情绪个别化学习活动。

语短"情"长

传"情"达意

声"情"并茂

**活动实录:**

佑佑和嘟嘟今天选择在情绪小故事角落里玩耍。佑佑拿了一张妈妈做蛋糕的图片和爸爸拿着公文包戴着庆祝帽的图片开始画情绪故事,嘟嘟也拿了同样的两张图片开始自己设计情绪故事。画完了之后,两个孩子互相介绍了自己的情绪故事。

在交流分享时佑佑向大家介绍自己的玩法:"我和嘟嘟两个人用了相同的两张图片,但是我们的故事不一样。"

佑佑介绍说:"有一天,猪爸爸和猪妈妈说明天是你的生日。我们一起庆祝生日吧。第二天猪妈妈在家里做蛋糕，做完蛋糕把家里面布置得很漂亮，猪爸爸回来给猪妈妈过生日。"

嘟嘟介绍说："猪爸爸过生日，猪妈妈做了生日蛋糕等猪爸爸下班回来一起吃。"

在情绪个别化活动开展第三周时，孩子们已经熟悉了三个层次的情绪个别化的玩法。我听到两个孩子玩法的介绍时，十分欣喜。为了支持孩子的主动学习，了解孩子们如何识别人物的不同情绪并将其与自己创编的情绪小故事连接，我会给孩子们充分的时间讨论记录的情况。

关注不同视角。大家发现两位孩子选择了同样的人物卡片，有着不同的表达方式和故事情节。一个是爸爸过生日，另一个是妈妈过生日。同样的人物在孩子观察之后可能有不同的理解，因为他们有不同的生活经验，会引发不同的故事情节，这些孩子们的记录和他们生活中的一举一动是息息相关的。

鼓励多种记录。在交流分享的最后阶段，佑佑问了大家一个问题，他觉得记录纸只有一个格子，他的故事是两天发生的，他分了两个格子也画不下怎么办？有的为他出主意：可以用十字线把大格子分成四个小格子，这样就能把故事画下来了。过了几天我发现佑佑用了十字线把大格子分成了四个小格子。

调整材料卡片。在原来的基础上，我投放了一些没有道具的人物卡片，孩子可以运用原先的人物卡片，也可以把人物和道具自由组合，甚至可以自己画出相应的

道具和场景等，让故事情节可以自由创编，让故事人物的形象因孩子们的情绪变得更加丰满。渐渐地，孩子们的记录开始展现多重情节，在画面上呈现出不同场景和道具，开始出现不同的记录方式，如有的孩子采用了田字格的方式来记录一个连续的完整的故事。

个别化情绪活动中，孩子的学习态度从被动转向主动。个别化情绪活动的优势

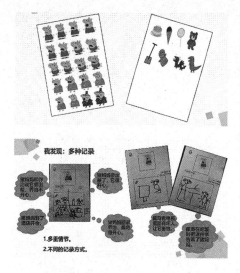

**我发现:多种记录**

1.多重情节.
2.不同的记录方式.

在于其与主题学习不同,幼儿可以持续且深入地学习。因此,在设计时要考虑活动玩法的多元性和可持续性,在选择情绪视频时可以选择面向全班孩子的视频片段,在投放视频时可以尝试把声音去掉,观察孩子们对于表情的识别和情绪的理解。情绪活动应该渗透一日活动中,注重个体经验的差异,个性化地支持孩子们。我们应多听听孩子们的想法,追随式地支持孩子们的学习,从而走进孩子们的内心世界。

**案例二:曲棍球比赛开始咯(陈奕)**

曲棍球赛开始了,黄蓝两队各自拿好球棍开始打球。可是,不论是哪一方的球员赶球,大家都围着球你争我抢。球在六个人的围堵中根本滚不出来,更别说进门了。球赛结束后,比分依然是零比零。茗茗发牢骚说:"你们都挡在我的前面,我打不到球。"琳琳责怪同伴说:"我打到球了,但是你们都围在旁边,连球门也看不到在哪里,怎么进球啊!"理理也不服气地说:"我们也想进球的呀!"大家你怪我,我怪你,心情糟糕极了。

回到教室后,我鼓励孩子们自己想办法,还和他们一起观看了一段成人的曲棍球赛。通过观摩和讨论,孩子们发现了一些得分的小秘诀。歆歆说:"三个人要有分工,要有一个人守在球门前,就像足球守门员一样,当对方的球滚过来时,可以抵挡,防止球进门得分。"凡凡说:"不能大家一起跟着球边打边跑,应该有进攻,还要有防守,这样才能不让对方进球,而让自己队进球。"我接着问:"那如果自己队的队员不小心失误了,输了比赛呢?"陈陈说:"不能去怪他,他肯定也很难过,要想办法下次赢回来。"在肯定他们发现的同时,我也鼓励他们在接下来的曲棍球赛中尝试使用这些招数。

在大班竞赛型球类运动中,幼儿往往会因为参赛与否、规则遵守、团队合作、获胜与否等情况,出现不同的情绪表现。因此,要引导幼儿学习情绪管理,表达自己的情绪,尝试学会自己调节情绪。

**共情:观察、识别并尊重幼儿的情绪表达。**人的情绪是多种多样的,孩子的情绪变化更是无常。当积极愉快的情绪出现时，我们应该肯定和鼓励；而当负面情绪出现时，应持有同理心，从孩子的视角出发观察、识别、理解他们的情绪，进而让孩子感受我们的尊重和爱，让孩子从心里接纳我们，愿意和我们沟通。

移情：面对负面情绪，寻找适合的缓解方法。在竞赛型球类活动中，造成幼儿负面的情绪表现原因有很多，如参赛的要求得不到满足，对规则的理解和遵守不够、与同伴合作时发生的矛盾冲突、缺乏社会交往经验等。我们要认真分析幼儿负面情绪产生的原因，避免简单枯燥的说教形式，并通过创设环境、调整材料、细化规则、示范引导、榜样作用等方式，采取转移注意力、适当发泄、与同伴换位思考等方法，引导幼儿有效缓解负面情绪。

酌情：允许幼儿以自己的方式和速度自我调控情绪。我们应考虑幼儿的个体差异，其认知水平、动作发展能力、情绪调控能力也存在差异性。作为教师，我们应在充分尊重个体差异的基础上，培养幼儿认识、调控自身情绪的能力，特别是对一些情绪表现激烈、调控能力弱的幼儿不能操之过急。应为他们自我调控情绪留出时间和空间，允许幼儿以自己的方式和速度自我调控情绪。

### （二）"趣探"田野

田野活动是由多方共同参与，让幼儿在幼儿园内外的真实生活场景中，通过现场感知、情境操作和互动交流而进行的一种学习和体验。其注重自然、社会和人文氛围的熏陶，并充分利用各类资源，满足幼儿自由选择的需要，丰富幼儿的活动体验。我园提供适宜的时空保障以更有效地支持幼儿主动学习，促进幼儿全面发展，并开发趣探田野的新样态。

#### 1. 田园中心场域

田园中心不是单独割裂的空间。它可以和其他空间、课程产生连接与呼应，成为健康课程的重要资源。公用的阳光房、种植空间、教室外阳台的生态角、料理室，甚至于厨房的门口都可以成为"田园"的一部分。幼儿园一切的内外环境都可为课程服务，成为有利的资源。

#### （1）实现了健康课程理念落地

室内外的田园中心甚至是紫藤长廊，可充分满足孩子们"亲自然"的需求。随着动植物的不断添加和调整，孩子们开始对每一个生命有了敬畏感。起初仅是学习照料，渐渐演化为以情感为主线的与动植物的亲密互动，并建立深厚的情感。

在杏山园大（2）班、大（3）班的实践现场，孩子们不约而同地产生了"双休日这些动植物该怎么办"的想法。大（2）班的孩子以一只小蝈蝈的去世引发了要更好地照料全体动植物的情感。随着天气渐冷，他们最终决定在双休日将蝈蝈带回家，周一带回园，并付诸行动；大（3）班的孩子把原来保护种植地的小栅栏（塑料瓶）转变为探究自动浇灌的装置，为的是能让植物在双休日也"喝"上水。孩子们专注的神情、努力解决问题的态度、充满智慧的实践方法，都体现了空间重构对儿童学习与发展的价值。

（2）激活了学习方式的转变

对田园中心的空间重构，实质上是一种学习方式的改变。孩子们不再是为了田园而劳作，停留在认知与操作层面，而是来自他们真实的问题与需求，如种植园地泥地中小路搭建的故事。在经历了不断实践、复盘、调整的过程之后，教师发现：自己想要的未必是孩子喜爱的。要让孩子真玩、真感受，从活动初始就要与孩子进行协商，了解来自孩子们的真实声音，然后在过程中不断优化与调整，包括活动的空间位置、活动的内容和活动的方式，体现孩子的自主性，实现"三重空间"的重构。

（3）鼓励孩子持续深入探究

经历了一个多月的持续尝试，我们更加坚定，仅提供高质量的活动空间是不够的，要给予充足的时间来体验。它能够帮助孩子们更好地感受空间的特点和功能，促使更多师幼共建活动的生成。以班级为单位的尝试，幼儿参与时具有连续性、深入性，尤其是在整个过程中，幼儿能根据个人的爱好深入探究某一个或几个项目，甚至在原有基础上建立新的想法与玩法，如驱蚊水向熏香的演变。

（4）形成可视化记录

以田园中心为实施载体的可视化记录项目研究在本活动中随处可见。环创的设计基于儿童视角，提供方便儿童拿取的材料，并让孩子们就近、随时进行记录。呈现方式多样，包括空间重构的对比与发现、儿童的摄影展、儿童独有的艺术表征方式，以及师幼共同复盘田园中心中所发生的故事所形成的故事板等。这些已成为孩子可以回顾、能够讲述、无限生成的支持性材料。

### 案例:藏在菜园里的小路(李文宇)

在我们的幼儿园里,有这么一片小菜园。它能让孩子们亲近自然、感受自然。一次偶然的发现,大(3)班的孩子们开启了探索之"路"。

#### 稻草人来站岗,把它安家在菜园

某天,扬扬从仓库里搜出来一个稻草人,并和同伴一起将稻草人安置在了菜地中。落定之后,孩子们想为它装饰一番。

这个不起眼的稻草人不经意间吸引了孩子们的视线。孩子们给它安家,为它装扮。"趣探田野"活动正在悄然发生。

#### 小菜园进不去,一起帮帮稻草人

小菜园的入口问题引起了孩子们的思考:到底怎样才能既不伤害到菠菜又不会弄脏鞋子呢? 发现问题后,云齐和扬扬把他们遇到的问题分享给了班级的伙伴,引起了热烈的讨论。

#### 齐为菜园造条路,走进走出更方便

经过了热闹的小组讨论后,孩子们决定在菜地中开辟一条可以通过的小路,请老伯伯帮忙将中间的菠菜移植到旁边。孩子们开始选择不同的材料作为小路的基石。

一条通往稻草人的小路架起来了。通过提出设想并寻找材料,孩子们走进了"趣探田野"之路。

#### 小路造得乱糟糟,大家表示不满意

选妥材料后,孩子们都很兴奋,并将所有材料"一扔而上"。没想到,因为铺设材料太多,反而给行进带来了很大的麻烦。

#### 一起想想好办法,小菜园里藏好路

孩子们提出想要看看幼儿园中的路是什么样子的,有些孩子表示还可以去小区里看看。教师为了支持孩子们的想法,就和孩子们一起在幼儿园中寻找不同的路,并鼓励家长和孩子们一起收集小路资料。

小蛇路

面包路

小材料有大学问，在试错中孩子们竟逐步掌握了铺路的小技巧，还为小路取了各种各样的名字。

小路铺设初成型后，每次游戏时都会有孩子们选择不同的材料来帮助稻草人变得更加美丽，慢慢地孩子们发现小路不仅可以为装饰稻草人提供方便(如和稻草人"说说话")，甚至可以近距离观察菠菜的叶子，为菠菜浇水，清除之前摘不到的杂草。

"趣探田野"活动支持着孩子们各种各样的创意表达方式，或在小路上载歌载舞，或在小路上采摘观察，或让小路四通八达……过了一段时间，孩子们决定将小路加长，直接通向另一边的出口。

"趣探田野"活动体现了孩子们的尝试和持续的探究。我们支持孩子们成为主动的学习者，并相信每个孩子都可以创造奇迹。

2. 田野活动设计

(1) 田野活动的内容框架

田野活动的内容主要从主题背景、传统节日、健康教育三大方面进行构架与设计。

主题背景：能很好凸显该主题活动价值的；在开展主题活动过程中生成的，且满足主题活动价值取向的；能填补基础课程不足，丰富、拓展幼儿已有经验的。

传统节日：能弘扬中华传统文化，激发幼儿热爱祖国积极情感的；能引发幼儿关注身边的人和事，探究和自己生活的关联的；能与幼儿当前发展和未来可持续发展息息相关的。

健康教育：生命教育，具体包括：珍爱生命，自我保护意识、防范意识、机警意识；环保教育，具体包括：整洁意识、维护意识、危机意识；公益教育，具体包括：关爱他人的意识、参与公益活动的意识；护绿教育，具体包括：植树、护树、宣传爱护树木等；节水教育，具体包括：节水意识的熏陶、节水意识的建立、节水行动；时事参与，具体包括：当前有关国家尊严、实力、发展的大事；爱劳动教育，具体包括：自我服务和为他人服务的意识；爱读书教育，具体包括：兴趣培养、习惯培养、观察顺序、读懂前后画面的因果关系；国际交流，具体包括：与结对国家的小朋友之间的交往和沟通。

（2）田野活动的组织形式

田野活动的组织形式按规模大小来分，一般可以分为"以班级为单位""以年级组为单位"和"以幼儿园为单位"三种组织形式。在选择组织形式过程中，教师应如何判断呢？

第一，紧紧围绕田野活动的目标来选择不同规模的田野活动组织形式。

第二，根据更能有助于孩子感知、体验，促进其发展来选择某种组织形式。

第三，便于教师在活动中的管理和指导。

① 以班级为单位

以班级为单位组织的田野活动，注重班级个体的特殊需要，即便是同一个内容、目标、同一级组同时开展，只要参加的班级之间各自独立，师生之间围绕活动目标、只在班级内部进行互动的都是属于"以班级为单位"组织的田野活动。

② 以年级组为单位

以年级组为单位的田野活动，在人数的组织上，其规模要远远大于以班级为单位的田野活动。每个班级都是整个活动中的重要成员，活动则凸显了班级之间的互动、整个年级组的幼儿与主持方或是主办方的互动。

③ 以幼儿园为单位

以幼儿园为单位的田野活动组织形式，在人数的组织上，其规模比"以年级组为单位"的组织形式来说更为庞大。一般全园性的重大活动、重大事件会采用这种组织形式。

（3）田野活动的活动特色

三"贴"：贴近幼儿生活，贴近幼儿特点，贴近幼儿最近发展区。

三"便"：便于教师思考，便于教师操作，便于教师提升。

三"融"：融入健康教育元素，融入家园共育元素，融入社会教育机制元素。

三"结合"：结合主题实施、结合时事发生、结合幼儿兴趣。

（4）田野活动的实施策略

① 资源开发策略

田野活动的资源是田野活动由构想变成现实的条件保障，是活动设计、实施、评价等整个活动开展过程中可利用的一切人力、物力和自然环境的总和。

田野活动的资源包含相关人员、材料、信息和动植物等方面的内容。田野活动资源的开发,决定了课程实施内容的价值和丰富度。适宜、有效的资源利用对课程实施活动的成效能起到关键作用。

社区资源的挖掘。现代教育理论认为,幼儿园、家庭、社区三者不是孤立存在的,而是紧密地结合在一起综合性地发挥效能,共同制约着教育质量的提高和儿童的发展水平。我园利用社区丰富的教育资源开展田野活动。如超市、菜场、敬老院等社区环境都是不可忽视的教育资源,会带给孩子不同的体验。

**【教案】"逛菜场"**

**活动目标:**

1. 参观菜市场,了解菜市场里有品种繁多的蔬菜和其他食品。

2. 能大胆地与人交往,积极参与买菜。

**活动准备:**

事先做好联系和沟通。

**活动过程:**

1. 小鬼当家

(1) 明确任务:每人要带五元钱去菜市场买菜。

(2) 幼儿每人摸一张卡片,要求幼儿根据卡片上的提示去购买蔬菜。

(3) 幼儿交流自己买菜的经验(可以从爸爸妈妈处了解相关情况)。

2. 我们去买菜

(1) 引导幼儿观察菜市场的蔬菜分类摆放的特点,知道人们到这里能买到各种各样的菜。

(2) 幼儿根据自己的卡片,去寻找相应的蔬菜。教师重点观察幼儿是如何与人交往及如何买到自己需要的菜。

3. 回园交流

请个别幼儿讲讲自己在买菜中遇到的事,让幼儿了解一些与人交往的基本方法。

**活动后的思考:**

"买菜"活动,让孩子们当一回小主人,孩子们从身边熟悉的社区资源——菜场,了解了真实生活。从中,他们不仅认识了许多菜的品种,知道其用处,增长了见识,还尝试着有礼貌地交往,体验了交往的快乐,丰富了生活经验,促进了其社会性发展。

田野社会实践活动,使幼儿走出校门,亲近自然、走进生活,真正培养幼儿学会生活、热爱生活。社区资源成了我们幼儿园的优质资源。有效运用社区资源,能让我们的活动变得更生动、更具体、更有乐趣。

家长资源的利用。家长资源是课程中的重要资源。通过充分利用家长资源,我们可以为田野活动课程提供必要的支持。家长的参与不仅包括物质资源的提供,也包括精神支持,甚至参与活动的设计。因此,家长资源是开展田野活动的宝贵财富。无论是开茶艺馆、牙医诊所的家长,还是在汽车 4S 店、污水处理厂工作的家长,他们都乐意提供资源,让孩子获得更多的信息和知识。

【教案】茶坊

**活动目标:**

1. 感受中国的茶文化,了解茶在生活中的用处。

2. 观看茶艺表演,了解茶的种类。

**活动准备:**

事先联系茶坊。

**活动过程:**

1. 交代远足茶坊的要求(关注幼儿的安全教育和行为规范)

2. 远足茶坊

3. 观看茶艺表演

(1) 了解各种茶具的用处和名称。

(2) 观看泡茶的过程。

相关提问:泡茶前要做什么? 为什么第一次泡的茶不要喝?

(3) 品茶,了解不同茶的味道和颜色。(关注幼儿的观察能力)

相关提问:泡之前,茶叶是什么样子的? 泡之后变成了什么样? 每一次泡的味道有什么不一样? 两种茶有什么不一样?(关注幼儿的感受和表达)

4. 参观茶叶陈列室

相关提问:不同的茶存放的方法一样吗?(关注幼儿的观察)

**活动后的思考:**

整个活动中，家长声情并茂地讲解和提问，大大调动了孩子们学习的积极性。在观看泡茶的过程时，孩子们用专注的眼神时刻紧盯着茶艺老师的每一个动作。当被问到"泡茶前，为什么第一次泡的茶不要喝"时，不少孩子们都愣住了，但有个别孩子凭借经验说出了答案，得到了小礼物。那些孩子显得尤为高兴。整个活动丰富多彩，意趣盎然。

家长资源是一片沃土，能形成班级教育合力。让家长主动参与幼儿园教育中，使他们成为教师的合作伙伴，为班级幼儿教育提供更多的帮助和强有力的支持，能有效地提高保教工作的质量，促进幼儿全面健康的发展。

社会资源的开发。随着孩子年龄的增长，社会上不同的场所，会带给孩子不同的冲击和体验。各行各业都蕴涵着对孩子的教育资源。如图书馆、消防站、医院、饭店、警署等，都能让孩子了解其行业的特点以及与我们生活的关系等。而且，通过与专业人员的互动，幼儿能更感兴趣，也更容易接受。孩子渴望长大，渴望了解自己接触到的成人，渴望了解他们还一知半解的职业。因此，"走近消防员"活动既满足了孩子对成人的好奇心，又满足了他们自主开展活动的愿望。

**【教案】走近消防员**

**活动目标：**

1. 初步了解消防队员的装备及消防的有关内容。

2. 初步培养孩子的自我保护意识。

**活动准备：**

事先做好联系和沟通。

**活动过程：**

1. 观看消防员迅速准备的表演，体验"快"

指导员介绍消防队员的衣着和鞋子，跑时须接好管子等。

2. 观看消防员敏捷救火系列的表演，体验"勇"

看看他们可真勇敢呀，穿衣服的动作那么快，他们的动作好快呀，你们看，他们跟时间赛跑，快1分钟就能够救出好多人，挽回好多财产损失。

3. 观看数辆设备先进的消防车，体验"新"

4. 小朋友问消防叔叔

大家对于消防叔叔肯定非常好奇，肯定有许多问题要问消防叔叔，谁想问？

5. 参观消防知识展板

**延伸活动：**

1. 多收集一些有关消防的实例（以录像、幻灯片、图片等形式），引导幼儿随时注意安全。

2. 请幼儿回家向父母等询问防火知识或火灾中自救的方法等。

**活动后的思考：**

1. 社会资源赋予田野活动丰富的形式和特殊的内涵

像这样走近平时看似严肃、陌生的消防员和他们工作的地方，是完全符合孩子的探奇心理的。孩子只有从情感上认同了他们，才能记住我们预设的教育内容。所以本次活动的效果是不错的。从幼儿园课程整体发展的角度看，田野活动丰富的形式和特殊的内涵是保证课程持续发展的基础。

2. 社会资源赋予田野活动"活教育"的理念

小小的一次参观活动，可能仅仅是给家长和孩子一些微不足道的小知识。但换一个角度看，这代表着一种教育的契机。我园借助社会资源，以田野活动的形式，在潜移默化地对幼儿的发展产生影响。著名幼儿教育家陈鹤琴先生就提出"活教育"的理念，他认为大自然、大社会都是"活教材"。儿童就是在与大自然、大社会的直接接触中，在亲身观察中获取经验和知识的。因此，社会资源就是幼儿学习和探究的有效内容。

从我们所选的资源可以看出，田野资源在课程实施中起着重要的支撑作用，田野课程的存在以资源的存在为前提。那么，我们如何选择和组织资源，为我们田野课程所用呢？

策略一：收集有价值的资源，关注幼儿的兴趣和需要。

策略二：年级组和教研组审议，注重开发和利用周围环境，包括家庭生活、社会生活中的可用教育资源，关注课程的价值。

策略三：开展全组讨论，关注课程价值的平衡。

② 人员分工策略

教职工、幼儿、家长、社区乃至其他社会团体人员都是课程发展的建设者和合作者。这意味着参与的主体是多元的。

以托班三八节亲子活动为例：

活动前,为了让所有的孩子都能在活动中有收获、有发展,我们会周密规划。除了带班教师,班级中的保育员、保健教师以及后勤人员也会参与,确保幼儿身体状况良好和安全。

总动员:活动前的动员会,邀请带班教师、家长、保健教师、后勤人员共同讨论田野活动的细节和分工。

招募家长志愿者:根据家长志愿者的特长分配任务,并进行活动前的培训,确保家长能够认同、支持并参与幼儿园课程的开发与实施。

活动中开展谈话调查,及时调整,让教师在活动中对家长志愿者适时指导。幼儿的经验有限,在活动中往往会碰到他们的已有经验所无法解决的困难,教师一个人又难以顾及。这时,教师可适时地对家长志愿者指导,帮助孩子提升经验,使活动顺利展开。

活动后开展反馈调查,让教师、家长、孩子一起分析活动效果,提出改进意见。组织家长开展交流活动心得。"在活动过程中评价"正是评价回归自然生活的反映。

调查表中有明确的活动目标和内容,使家长对活动有更加清晰的认识,同时内容中涉及孩子的兴趣、情感、合作意识等。通过表格的反馈,我们能够更好地了解家长对活动的看法,并据此优化田野活动的人员分工,为幼儿的全面发展提供支持。

③ 家园合作策略

从田野课程建构的实际出发,我们发现家园合作是最重要的实施过程。

家园合作是以教师为主导,以幼儿、家长、社区机构、相关合作者为参与者,通过选择、组合、加工、整理等方式进行的一项极具创造性的实践活动。家园合作利用的程度决定了课程实施内容的丰富程度和价值取向。家园合作是根据幼儿的学习规律、现实水平及活动要求,在低耗高效的前提下对家庭、社区中的资源进行组合加工,以促进幼儿与资源充分有效的互动。田野活动为家长提供了经常参与活动的机会,家长通过参与田野活动,与教师共同支持幼儿的学习,并实现了多向互动,即教师和幼儿间、幼儿和幼儿间、家长和幼儿间、教师和家长间积极交流、互动。

教师适时指导家长,并与家长互动,如注重及时纠正家长的一些不正确的想法和做法,从而增进了家长与教师间的理解与沟通,推动了家长和幼儿、幼儿园之间的互动,增进了教师和家长间情感。教师以其幼儿教育的专业知识影响家长,家长则用所获得的有针对性的育儿经验影响教师，双方积极互动、合作，最大限度地达成一致，形成教育合力，从而为幼儿创造最佳的教育环境，促进幼儿主动、持续的发展。

# 第二节　课程资源开发的创想行动

以资源开发为驱动，激发创新灵感，为幼儿园课程资源的开发注入新的活力，点亮每个孩子心中的探索之火。

## 一、健康平台搭建

"实在健康"小程序是依托信息技术手段量身定制的、适宜家园互动的一个平台。它是基于信息化支持，以家园双方充分的信息沟通为基础，探索幼儿个性化成长的一种教育合力生成模式。它真正实现了科学的家园共育，在数字化转型实践中推动幼儿园管理创新。

### （一）内容设计

调查需求，设计在线互动平台。通过设计家长问卷，了解家长的互动需求和使用习惯。家长最常用也最便捷的互动形式是微信。这也是当前教师最常用的沟通形式。为更方便地运用平台，幼儿园与第三方软件公司合作，在微信平台上开发互动小程序，与幼儿园门禁系统、幼儿入园晨检测温系统相连接，并以上海市实验幼儿园的"实"字为代表，命名小程序为"实在健康"。

调试功能，明确用户管理权限。"实在健康"不仅是安全便捷的家长接送系统，也作为一套及时高效的家园互动系统，在不同的教学互动场景中运用。所以第二步，幼儿园基于不同的互动主体，设计了不同的使用端口，为家长、班级教师、保健教师、幼儿园管理层分别提供不同的内容和使用权限。

家长端口与教师端口可以使用的主要内容有五项，分别为每日健康信息、健康亲子课程、健康需求登记、家园 10 问以及健康成长数据。其中，每日健康信息、健康需求登记以及健康成长数据的信息处理模块能够高效地完成对每一位幼儿健康信息的记录、状态的追踪以及成长数据的统计与分析。

保健教师端口可以查看全园幼儿的保育信息、膳食营养内容、服药需求登记、登记与发放特需餐,并能够很快地查阅各个班级的出勤率、每一位幼儿的体检信息等。

设定框架,汇总数据信息。小程序将五个主要内容分别依据不同数据支持的重点进行了划分,考虑共性和个性互动实施的路径,以便于数据能够有效地集成在各个板块的内容中,不同的数据之间可以产生联系,更好地形成幼儿的个性化健康成长报告。

表3-3 "实在健康"平台数据支持与模块设计表

| 编号 | 数据支持的重点 | 数据内容 | 互动主体 | 共性实施 | 个性实施 |
|---|---|---|---|---|---|
| 1 | 基础层数据 | 每日健康信息 | 家长与教师互为主体 | 来离园时间、接送人等 | 开展个性化保育教育 |
| | | | | 晨检数据 | |
| | | | | 一日观察情况(每日运动、每日睡眠、每日饮食、每日情绪、突发情况) | |
| | | 健康需求登记 | 家长发起为主 | 每日健康状态 | 个性化需求登记 |
| | | | | 特需服务(忌口、病号餐、请假事宜) | |
| | | 健康成长数据 | 家长与教师互为主体 | 体检数据 | 个性化体检报告 |
| 2 | 资源层数据 | 健康亲子课程 | 教师发起,家长参与 | 共同性课程:1. 家幼小课堂 | 家长自主选择内容,积累个性化参与记录 |
| | | | | 选择性课程:1. 实在好心情 2. 田野新天地 | |
| | | | | 课程资源:1. 亲子运动馆 2. 两室一厅 | |
| | | 健康家园100问 | 家长发起为主 | 线上解答家长和教师收集的问题 | 接受家长在线提问 |

（续表）

| 3 | 行为层数据 | 家园课程参与情况 | 后台积累课程参与的时长、内容等数据，呈现个性化课程学习轨迹 |
|---|---|---|---|
| | | 幼儿成长故事 | 结合《幼儿行为观察指引》，呈现幼儿轶事记录 |

### （二）数据分析

1. 每天生成数据，重视对每一位幼儿的日常观察

表3-4　"实在健康"平台每日健康信息内容表

| 内容板块 | 内容细节 |
|---|---|
| 每日健康信息 | 姓名、班级、当天体温、出入园时间 |
| | 入园历史记录、当前记录 |
| | 每日膳食、运动、睡眠、情绪 |
| | 突发状况 |

　　每日健康信息将会呈现每天幼儿的健康状况，包括体温、出入园时间、一日活动情况等内容。其中，出入园信息与门口的人脸识别系统相关联，一方面确保入园安全，另一方面可以方便后台数据的积累并呈现在幼儿的入园信息中。以下为每日健康信息数据分析图。

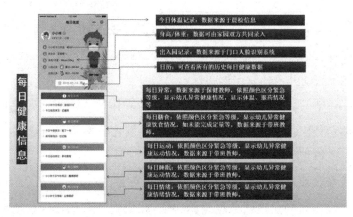

2. 动态积累数据，回应每一位幼儿的健康需求

表3-5 "实在健康"平台健康需求登记内容表

| 内容板块 | 内容细节 |
|---|---|
| 健康需求登记 | 病事假登记 |
| | 特需服务（忌口、服药、过敏等） |
| | 健康日报 |

在健康需求登记板块，设计了病事假、幼儿忌口、服药记录、过敏信息等登记内容，以更好地开展特需服务。其中服药与忌口的登记均需要上传病历证明，并由保健教师确认通过后再予以实施，这既大大节约了时间，也能够依托小程序留下记录。保健教师端可直接看到特需信息，从而提升了保育的成效。

幼儿园优化了原先的每日健康观察模板，以便于家园双方都能第一时间共享幼儿的健康状况，落实一日观察，及时跟进处理突发事件，落实每一位幼儿的健康管理。

3. 定期更新数据，跟踪每一位幼儿的健康成长过程

表3-6 "实在健康"平台健康成长数据内容表

| 内容板块 | 内容细节 |
|---|---|
| 健康成长数据 | 体检报告 |
| | 幼儿轶事记录 |

健康体质方面，幼儿园主要关注的是幼儿各项生理指标和幼儿的生理状态与具体表现，以及每次体检中出现异常情况的指标项（例如视力、听力、牙齿、血液情况等能反映幼儿身体状况的指标）。

小程序存储了幼儿三年里的体检报告。身高体重能生成直观的曲线图，各项生理指标也有相应的评价标准，并能生成个性化体检报告。这样，我们就可以给予每一位幼儿更有针对性的保教建议。

4. 生成数据故事，描绘每一位幼儿的健康图谱

当每一位幼儿的个性化数据累积起来，我们就能够依托信息技术，自动形

成幼儿的个性化成长档案。

在积累幼儿成长数据和关注健康状态的基础上,幼儿园依据《幼儿园办园质量评价》中的"幼儿观察指引"部分,融合基于幼儿园特色情绪课程的前期研究形成的"幼儿情绪观察指引"的指标内容,设计家园双方可共同记录积累的幼儿轶事记录板块。幼儿成长故事的积累,是对幼儿的健康成长开展持续科学观察的前提。

家园双方可以共同记录幼儿轶事,积累幼儿的行为数据,形成幼儿的学期档案。教师端包括"3～6 岁儿童发展行为观察指引"中的具体指标。一方面为教师观察评价幼儿提供参考和依据;另一方面也能积累日常观察的证据,形成幼儿的发展评价,更好地为幼儿发展提供教育建议,也为下一阶段发展目标的制订提供方向。以下为幼儿个性化成长手册设计图。

家园双方共同积累数据开展课程的个性互动,并形成幼儿的个性成长记录。每一本成长记录都是幼儿独一无二的记录,也是健康成长的美好印记。

**(三) 优化策略**

1. 设计"选择题",筛选个性化数据

　　小程序每日都会自动生成很多数据，其中部分数据需要由不同主体录入。为便于家长和教师操作，减少重复劳动，平台仅记录异常情况，正常情况下不需要录入信息，从而使个性化数据更易被发现和关注。

　　在运用小程序的过程中，幼儿园持续优化记录方式。平台将常用评价内容转换为标签，以满足家长和教师快速记录需求，并提供"其他"标签供填写特殊情况，使教师和家长主要通过选择来完成记录，从而减少填写工作量。

　　2. 发现"小时机"，汇总运用大数据

　　小程序支持每日数据的积累和自动统计，能够主动测算全园情况，也能记录每一位幼儿的情况。后台积累了大量的数据后，就能为幼儿园管理决策和教育实践提供支持，发现行动的最佳时机。

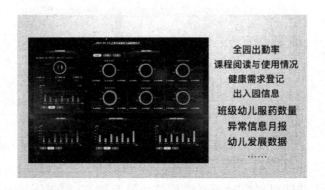

　　当全园所有的幼儿信息汇总后，幼儿园管理层可以实时查看出勤数据，如来离园的人数和流量统计，以便迅速掌握每日的幼儿出勤情况；依据全年的出勤情况预判常见疾病，提前做好部署；来离园流量统计还可以提示园方错峰安排来离园人数，或者调整指引志愿者的岗位和人数；课程阅读与使用情况能为保教部门优化课程活动提供依据；健康需求登记、服药情况、异常信息月报等数据能为保健教师开展个性化保育指导提供具体参考，更好地安排对特殊幼儿的照料工作。

　　在健康家园 100 问中，小程序将记录家长阅读量，统计家长的问题解决情况，并通过"我要提问"信息板块继续收集家长困惑与问题。通过对数据的整理、分析、统计，帮助幼儿园与家庭做好预判、及时跟进、有效支持，使数据应用更精准地辅助教师和家长为幼儿提供个性化互动指导。

## 二、社区资源利用

对一所幼儿园来说,社区内能挖掘到的教育资源是丰富多彩、包罗万象的。有自然资源,如小区绿化、社区公园等;有物质资源,如各类商店、娱乐场所等;有文化资源,如纪念馆、节庆活动等。

### (一) 社区资源开发步骤

我们研究后发现,社区资源的开发需要分三个步骤进行。

1. 调查收集

形成社区资源开发管理网络:要确定哪些社区资源适合开展田野活动,主要从以下几个方面加以考虑。

第一,田野活动多数是以幼儿为主体进行运作的。因此,社区资源必须适宜幼儿开展活动并为幼儿所喜爱。

第二,社区资源分布较广,如果只依靠教师来收集,不仅增加了教师的负担且具有一定的局限性。

第三,社区资源是可以利用的,但不是所有的资源都能为田野活动所用。因此,需要经过专业分析与转化,才能成为可利用的资源。

第四,不适宜园所集体开展田野活动的社区资源,考虑是否可以向家庭延展或以其他形式利用。

因此,我们采取项目探索模式,由专人管理和调控,即由专门的项目组承担这一任务,并借助幼儿园家委会和班级家长等力量,使资源的收集更为全面,效率更高。

调查收集社区资源相关信息:对各种社区资源的存在形式、表现方式、分布状况、地域特色进行调查,并收集相关的信息。

以桃浦社区为例,要对桃浦社区内已有的或有待开发的、具有桃浦特色的社区资源进行整体调查。对桃浦社区资源的全面了解,有助于我们更高效地开发与运用这些资源,满足幼儿教育不断发展、更新的需要。资源的调查收集可以通过多种途径进行,如向家长发放调查表、咨询社区人员、利用网络搜索、去实地考察等。需要注意的是,在进行调查收集前,必须做一个详细的调查计划,使收集到的社区资源更有针对性且更有效。

2. 分析筛选

收集到的资源五花八门,需要进行仔细分析和精心筛选,确保最终所选用的社区资源既是可操作的,又有助于提升幼儿经验。因此,在分析筛选过程中我们必须遵循特定原则,以保障田野活动能顺利开展。

安全性原则。低龄幼儿的教育安全是首要前提,事关幼儿身心健康和家庭的幸福安康。在开发社区资源的过程中,首先考虑的是确保安全,如场地的安全性、出行的安全性等。以此为前提,我们才能开展田野活动。无法符合安全性原则的资源不必采纳,或可考虑采用其他形式代替。

例如,我们在资源收集时,了解到作为桃浦地区卫生与健康体验基地的桃浦镇社区卫生服务中心具有门诊和疗护的功能,但这是一个病人聚集的场所,对于学龄前儿童来说,具有健康安全的风险。因此在筛选时将该场地否决,只保留了其中的人力资源(医生),考虑通过其他活动形式或替代场所开展田野活动。

教育性原则。开发社区资源的目的在于开展田野活动,补充幼儿园课程。这是有目的、有计划的教育行为。在充分利用社区资源的同时,还需要遵循教育性原则理性选择,对于不同的社区资源"取其精华,去其糟粕"。

当前的社区环境总体上是健康的,但有些资源确实对幼儿存有积极和消极两方面不同的影响,这就需要教师把握其中的教育内涵。如社区网吧、社区棋牌室容易传播玩乐主义,从客观上不利于幼儿的健康发展。但我们可以挖掘其中正面的内容予以拓展,如邀请网络技术人员,展示网络技术的魅力,感受时代的发展;结合社区老年人活动中心让幼儿感受到社区对于居民的关心(不仅在文化、健康上,也包含了居民的娱乐生活),以增强"社区是大家庭"的社会融入感。

适宜性原则。在社区资源的分析筛选过程中,首先要充分剖析资源场地、硬件、内涵等方面,分析资源中最具有教育价值的是什么,如场地、材料、人员等。其次,要结合幼儿的年龄特点、学习特点、发展水平和情感需要,考虑以最适宜的内容与形式开展田野活动。同时,确保社区资源适宜田野活动的开展,时间安排得当,场地能够容纳参与者,不影响设施设备以及场地的正常使用,不给相关单位带来困扰。只有获得社区相关部门的有效支持,活动的开展才能顺利进行。

特色性原则。不同的地区具有不同的地域特色,不同的社区具有不同的社区氛围。地域文化是一个动态发展的过程,尤其是那些具有一定历史背景的地区。它们由于受到地理环境、社区制度、意识形态等因素的影响,久而久之就形成了独特的地域特色。

桃浦地区作为上海的老工业基地,自1954年成为上海第一批化工工业区以来,诞生了英雄金笔厂、上海橡胶厂等享誉全国的企业。三十余年的工业建设不仅推动了桃浦经济的发展,还塑造了桃浦人勤劳、节俭的文化氛围。自2013年起,桃浦地区被列为全市重点转型发展地区之一,智创TOP、地下综合管廊等重点项目的开工建设,标志着桃浦科技智慧城的开发建设全面启动,也为桃浦带来了科技、绿色、智慧等新的文化理念。

因此,在资源分析和筛选的过程中,我们特别挑选了桃浦十大教育基地的内容,并注重传统历史文化、科技发展绿色这两大特色,以更好地保留有价值的社区资源,如凸显科技发展的太敬机器人体验馆,融合社区传统文化的李子园村爱国主义教育基地等。

3. 有效赋值

所谓的有效赋值就是对分析筛选后的社区资源进行必要的活动设计,以赋予其教育价值。

幼儿生活经验贫乏,思维特点具体形象,因此需要对筛选出来的资源进行合理设计,有效地赋予教育价值。在设计活动时应考虑幼儿的年龄特点和实际水平,教师应努力做到活动过程深入浅出,活动内容贴近生活,指导语言力求生动形象、简洁明了,切忌生搬硬套;当需要社区人员参与互动时,教师应进行必要的指导和培训,帮助其采用适宜幼儿接受的方式。只有这样,赋予社区原始资源一定的课程形态和目标,才能将其隐性的教育价值转化为显性的幼儿园课程,提高社区资源运用的有效性。

**(二) 建立社区资源库**

以阳光部所在的桃浦地区为例,我园通过网络查找、利用家长资源、实地踩点等方式,全面摸底和走访社区资源,关注桃浦的特色资源,并对资源的分布、种类、特色进行整理,更新了第一轮田野活动的资源,形成了桃浦地区的田野活动资源库。

表 3-7 桃浦地区园外活动场所信息或资源登记表(节选)

| 名称 | 地址 |
|---|---|
| 未来岛公园 | 真江北路 29 号(绥德路 378 号近祁连山路) |
| M50 创意园 | 普陀区莫干山路 50 号 |
| 桃浦全民健身活动中心 | 金通路 380 号(近银杏路) |
| 尚阳外国语小学 | 祁连山南路 2671 号 |

表 3-8 桃浦十个教育体验基地(节选)

| 学生教育体验基地名称 | 负责单位 | 申报管理单位 |
|---|---|---|
| 卫生与健康实践基地 | 桃浦镇社区卫生服务中心 | 桃浦中心小学 |
| 国防教育实践基地 | 94969 部队 75 分队 | 恒德小学 |
| 杨兆顺和谐社区体验基地 | 桃浦镇紫藤苑居委会 | 桃浦中心小学 |
| 社会治安保障实践基地 | 普陀区公安分局白丽路派出所 | 桃浦新村幼儿园 |

表 3-9 桃浦资源点的特色分类表(节选)

| 传统文化特色 | 科技发展特色 | 其他 |
|---|---|---|
| 1. 桃浦镇搓浦村(集体/小组)<br>2. 快乐李子园(集体/小组)<br>3. 国防教育体验基地(集体/小组)<br>4. 艺凤国学馆(集体)<br>5. 申翼之星少儿足球俱乐部(集体)<br>6. 桃浦文化馆(亲子)<br>7. 桃浦镇社区卫生服务中心(亲子) | 1. 金环工业有限公司——太敬机器人体验馆(亲子)<br>2. 桃浦科技智慧城展示馆(祁连山路 127 号原英雄钢笔厂)(亲子)<br>3. 垃圾焚烧站(集体/小组)<br>4. 普陀区体育公园(集体) | 1. 上海市实验幼儿园阳光园(集体)<br>2. 尚阳外国语小学(集体)<br>3. 上海文达学校(集体) |

## (三)社区资源运用策略

### 1. 走出园门,深入社区

社区是幼儿生活的空间。幼儿对社区中的一切既熟悉又陌生,既亲切又好奇。社区资源作为幼儿教育的"活教材",具有无尽的教育价值。带领幼儿走入社区,将社区教育资源作为幼儿园教育的一部分,符合幼儿的发展需求。深入社区学习时,要以社区情景为课程活动的载体,带领幼儿深入社区参观、观察、探究、活动,让幼儿在实地情景中学习。

教师可以利用社区资源,引导幼儿开展"家乡的建筑""我们的社区"等活动,带幼儿走进社区,展开探究,促使幼儿真正了解家乡,热爱家乡。

如在"紫藤苑居委"活动中,教师在感悟中说道,孩子对爷爷奶奶以前的生活并不了解,对小区居委会也非常陌生。通过观察和熟悉爷爷奶奶小时候的东西,让孩子了解如今幸福生活的来之不易,从而更加珍惜、热爱当下生活。居委会是另一个可以帮小区居民解决实际问题的组织。孩子在这样的场景体验中,也能明确自己作为小区的一分子,应当具备一定的责任意识。

2. 借助科技,迁移资源

对于社区资源的应用,有的出于安全考虑,无法让幼儿近距离接触;有的因为交通不便,不能带幼儿多次深入实地探究;有的因为经费不足,无法达成等。通过采用"情景挪移法",我们将一些不能实地参观的社区资源,如垃圾填埋场、医疗场所、发电厂等拍成录像让幼儿观看;将不便于多次参观的情景在幼儿园中模拟再现,如十字路口、花店等,让幼儿在模拟的社区情景中可持续开展活动。

如"寻找汽车的奥秘"活动中提到,孩子对于汽车的内部结构很好奇,但是汽车维修场所既脏、乱,又不能很好地给孩子直观的体验。因此,我们通过录制汽车维修视频,以观看视频等方式将资源迁移和转换。

表3-10 "寻找汽车的奥秘"资源利用表

| 人数 | 推荐方式和内容 | 材料 |
|---|---|---|
| 3~4个家庭 | 1. 讨论汽车会发生哪些问题,导致哪些结果<br>2. 观看视频:轮胎坏了,工人如何替换安装<br>3. 听专业维修工人的介绍<br>4. 猜测:车子可以变颜色吗,如何让车子变颜色<br>5. 总结归纳乘车安全事项 | 1. 汽车检修视频<br>2. 安全座椅<br>3. 安全乘车宣传手册 |

3. 引进资源,平等合作

除了走出去之外,我们还可以引进来,以解决幼儿探究中的专业问题。在课程实施过程中,幼儿园可以引进人才,如家长、社区中各行业的工作人员和社区志愿者,也包括一些设施设备。将社区人才资源作为幼儿园的"编外教师"。结合课程的需要,邀请社区相关人员担任幼儿园的辅导员,到幼儿园参与活动,可以拓展幼儿的经验,丰富幼儿的视野。也可以结合主题活动的进展,请社区相关人员担任"一次幼师"。

例如,在参观了桃浦爱国主义基地——防空基地后,孩子们知道了解放军叔叔是怎样保卫我们的祖国,并对解放军有了深深的崇敬感。

4.还原生活,共建社区

社区资源作为田野活动的基石,主要是让孩子能够利用这些资源亲近社会、体验生活、还原生活。随着认知水平的提升和社会交往经验的增加,幼儿在田野活动的过程中对其生活的社区、社区内的人群关系以及社区的运作方式都会产生浓厚的兴趣。因此,可在节假日组织幼儿到社区开展活动,或引导幼儿参与社区的活动,让幼儿感受社区文化,体验社区的温馨,从而循序渐进地扩大幼儿的视野,促进幼儿对生活的热爱和理解,促进其社会性的发展,丰富田野活动的内容。

例如,参观李子园后,为了巩固幼儿勤俭节约的意识,教师通过"光盘行动""小小节能员岗位竞聘""变废为宝"等拓展了田野活动的内容和内涵。又如"杨兆顺和谐社区"活动后,鼓励幼儿参与社区的建设和服务,以"社区小卫士""认养小树"等延伸活动提高了幼儿社区主人翁的意识。爱国主义实践基地启动后,李子园村民们"勤俭节约,艰苦奋斗"的故事传遍了整个幼儿园。各班级组围绕"勤俭节约"的主题系列活动如火如荼地开展起来。

表3-11 "勤俭节约"主题系列活动

| 活动主题 | 活动目标 | 活动内容 |
|---|---|---|
| 光盘行动 | 形成节约粮食的良好风气,培养和传承勤俭节约的优良传统 | 今天不剩饭,一起向浪费说不 |
| 小小节能员岗位竞聘 | 1.积极宣传节能环保的观念,能和小伙伴们一起养成节能的好习惯<br>2.节约能源,使节能成为大家的自觉行动 | 1.自我推荐(2分钟)<br>2.颁发节能员标志<br>3.节能员岗位宣誓 |

5.长期合作,共同发展

生态学理论指出,儿童所处的社会文化背景和所生活的时代分别属于宏观系统和时代系统,它们对儿童的成长具有重要影响。因此,幼儿园在社区资源的选取上,要充分考虑地域文化特色因素,应将儿童放在特定社区文化生态环境中,同时发挥家庭、幼儿园、社区合作共育对文化传承的作用。

　　幼儿园应充分利用当地历史遗迹、教育基地、传统节日等教育资源,依托当地浓郁的文化和精神传统,以适宜幼儿的方式开展田野活动,唤起幼儿对家乡文化的自豪之情和对祖国的热爱之情。

　　对已开发的社区资源,我们不仅要凸显地域特色,更要完善沟通渠道,建立长效合作关系。一是与社区资源工作人员保持密切、稳定的联系,提前制订幼儿园学期工作计划,争取社区方面人力、物力的支持,保障运用社区资源的活动能形成常规;二是做好社区宣传和服务,让社区人士在参与体验中增进服务意识,挖掘自身对幼儿园教育的重要价值,主动为幼儿园献计献策,从而建立互为依托、互相支持的关系。

　　例如,尚阳外国语实验学校是桃浦教育联合体的成员,不仅与幼儿园距离近,而且招生的地段也相同。我们长期保持密切沟通,在合作中开展了"参观小学""小小运动会""走进小学生"等活动,不仅激发了幼儿园孩子对小学的向往,创设了良好的心理准备,更促进了小学生的荣誉感和成就感,使两者共同成长。

　　6. 家庭拓展,专业指导

　　社区资源的利用应当与幼儿家长保持有效的沟通与交流,使家长深刻意识到社区资源对幼儿成长与发育的重要性,从而使家长充分融入田野活动,不断提高教育的效果。

　　对于一些幼儿园无法组织集体活动的社区资源,我们可以采取通过对家庭教育的专业指导来对这些资源进行剖析,帮助家长了解如何开展亲子田野活动,以抓住社区资源的教育素材,使每一个社区资源都能够被充分利用起来。

　　例如,太敬机器人体验馆体现了桃浦未来科技城、智能发展的特点。但是资源点需要收费,而且价格不菲,无法开展集体活动。因此,教师通过实地踩点、家长协助等方式,梳理此资源点中有价值的内容,设计亲子活动方案。家长可以参照教师的建议和提问指导,带领孩子自行活动。这样时间上更自由,家长活动的目的也更明确,从而更好地发挥了社区资源的教育作用。

## 三、膳食营养均衡

　　"学龄前儿童善育工程"是市委、市政府的民心工程之一。面对市委、市政府向人民作出的郑重承诺,普陀区积极行动、扎实推进,深化区域"幼儿健康教育"特色品牌，率先试点开展全天候营养膳食项目的实践与研究，将民心工程落地、落实、落细。上海市实验幼儿园一直加强幼儿在园期间的饮食营养，并为带养人提供家庭养育期间的营养膳食指导，通过家园合作加强对体弱儿、肥胖儿等特殊需要儿童的早期干预。

### （一）设计有滋味的中餐食谱

受日本幼儿食育启示，我们尝试提供能体现传统饮食文化的菜单。这些菜单上的食物是上海孩子熟悉的、经常能够吃到的。这样可以加深幼儿对本地食材的了解，懂得本地的饮食文化、感受美食背后的爱，使幼儿成为有根也有爱的人。

每日食谱——在幼儿的每日食谱加入中国菜色，并在餐点中明确表明。充分运用幼儿园的展示台，向幼儿展示中国菜的摆盘方式，让幼儿能够从每日的餐饮活动中品味中国菜，了解中国菜。

每月食谱——在制订每月食谱的时候，有选择地融入中华传统饮食，尤其关注"上海小囡"的口味，增加"沪味"。在幼儿园的互动平台和每日的食物展台上，重点标注。同时，每月提前预告下个月我们可以吃到的上海菜和上海点心，让幼儿能够足不出园，就品尝到美味的上海菜和上海点心。

节庆食谱——利用节庆大活动的机会设计"沪味团圆饭"等系列上海本帮菜食谱,让幼儿园大厨烹制经典的沪味,感受沪菜文化。结合元宵节,开展了全园的大活动"元宵佳节"。幼儿尝试自己制作美味、选择美器、摆设美景、呈现美意。

节气食谱——中国人对饮食有共同的记忆,这种亲切感来自数千年文化的浸润。我们开展了以"'童'心议健康 '实'味品中华"为主题的文化认同取向下的营养膳食活动。以十个"食"发现食育的"食"机,在公众号上做推送,并印了节气食谱。在文化浸润中感知中国味,养成中国"胃"。让幼儿和家长在"二十四节气"活动中知时知节,顺时而食,感受中华优秀传统饮食文化的魅力,收获精神滋养。

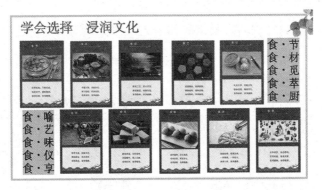

### (二)开展有意义的餐饮活动

重视餐前活动,通过充分利用餐前的准备时间来介绍餐点、分享餐点故事等,让幼儿的餐饮活动充满期待和意义。例如,在中班的餐点环境中,通过听取幼儿们的反馈,幼儿园不断提高餐点品质。

小班的餐点活动可融合在自主游戏中开展，小兔餐厅里保育员变身兔妈妈，孩子们扮演可爱的小兔子，吃过点心的孩子会将胡萝卜夹在自己的照片标志下作记录。

中班的孩子们可以自主选择餐桌和同伴，在"阳光桌""长桌"和"景观桌"快乐地分享餐点。

大班的孩子们可体验自我服务和为他人服务，即让他们换上工作服，戴上特制口罩，当一回"小小服务员"，体验合作与热爱劳动的快乐。

### （三）重视过程性的体验活动

基于儿童认同的原则，从幼儿生活中选取、整合各类资源，创设机会让幼儿能亲身体验、探索，进而获得经验、知识、方法，逐步理解传统文化中蕴含的意义,进而产生认同感、自豪感。

在种植园中寻味食材,感知时节。幼儿在参与播种和收获的过程中,体会到"食物从哪里来"的过程,从而增强对食材的认识,并了解中国人独有的食材处理和储存方法。

在料理室中体验食厨,酿造美味。在宝宝料理室中,幼儿可以体验亲手烹饪的过程。这些活动不仅仅由教师设计发起,也有幼儿们自己的想法。

在专项活动室中探究食萃,积累经验。在健康活动室中,幼儿们在摆弄、寻找、认知、操作、探究、选择中了解膳食金字塔的含义,设计适合自己的菜谱,了解各种各样的食材和相关的种植发展知识,在游戏中不断加深对健康生活的理解。

在议事厅活动中共议食话,集结想法。在宝宝议事厅中,幼儿们可以围绕膳食议题分享自己的观点,形成集体智慧。以"我家的晚餐""月饼的寓意""顺时而食"等为议题,幼儿们在小主持人引导下发表观点,进行分组讨论,选择最优方案,并作为"大众评审团"对每组的设计进行评价。这些话题既有教师发起的,也有幼儿和家长主动提出的,还包括保健教师和校医的积极参与。

**案例:"1＋2 家园爱心餐盒"(沈熊慧)**

一早,保健教师通过"实在健康"小程序发现,很多家长为幼儿登记了病号餐。

在幼儿园的大门口,乐乐的妈妈找到保健教师:"老师,乐乐今天有点咳嗽,需要登记一下病号餐,我们今天不吃海鲜。"

保健教师:"早上我已经看到你的登记了,今天用肉圆替换了海鲜。"

依依奶奶说:"老师,依依对鸡蛋过敏,你们一般给孩子吃些什么呢?"

面对家长的困惑,我们需要让家长更直接地了解特需幼儿的餐食有什么不同。我们又是如何调整的呢?

通过相关活动,我们推出"1＋2 家园爱心餐盒"。"1"指一份幼儿营养午餐,"2"指两种类型的餐食搭配。我们会在每周四发放由幼儿园大厨烹饪的营养午餐,作为一种特别的家园配餐模式。营养午餐有两种类型,一种是依照当天的食谱制作的营养午餐,一种是为特需幼儿准备的特需营养午餐。保健教师会向家长介绍午餐构成、分析营养成分、分享烹饪方法和配餐的原则等。家长将小餐盒带回家品尝，并留下"点评"。在直观感受幼儿园营养餐点的精致、美味和健康后，家长的触动很大。

有段时间，我们发现过敏体质的孩子越来越多，我们会通过一种"全结构"的方式，给予孩子更全面的营养补充。"全结构"是指在让孩子避开过敏源，如鸡蛋过敏则会被豆类、鱼肉、鸡肉替代，鱼虾过敏则会更多摄入蛋、奶、牛羊肉、新鲜的果蔬以及豆制品等。如此，我们就让过敏体质的孩子也能摄入非常均衡的营养。

例如，某天的荤菜本来是银鳕鱼，但针对过敏体质的幼儿我们提供的特需餐是红烧肉。而来自小班的这位幼儿的特需餐又与中大班不同。该幼儿是回族的，因此营养室给他特地准备了一份鸡肉餐，并根据幼儿的年龄特点，做成娃娃的可爱造型。

通过陪餐活动，关注特殊需要的幼儿，根据季节特点、食物的种类，以食物的可爱造型激发孩子们的食欲，满足特需幼儿的营养需要，让家长知道幼儿在园吃了什么，是怎么烹饪的，吃的量又是多少，特需幼儿的午餐有什么不同，以此将这些营养理念、育儿知识延伸到家庭中。在掌握了全天候营养膳食的搭配秘籍后，家长收获了科学育儿的理念和经验，也成了我们亲密的教育伙伴。

第四章

鉴于空间重构的行动策略

经过七十余年的探索,我们已逐渐架构起融健康教育课程、健康保障、健康服务和健康评价为一体的健康教育课程系统。然而,在学前教育高质量发展的背景下,如何秉承"健康——成就'每一位'的美好人生"的办园理念,坚守"办好人民满意的幼儿园"的初心,进一步实现健康课程的再发展,传承、发扬幼儿园的实践研究精神,让健康教育始终走在教育改革前列,持续发挥其市级示范园的引领作用?这是值得每一个实幼人深思的问题。

以第四轮上海市课程领导力种子校为契机,我园确立了"大健康视域下,幼儿活动空间重构的行动研究"和"可视化记录,支持幼儿主动学习"两大课题项目,力求在宏观和微观层面同步推进,在课程和保教层面双向发力,共同追求高品质的健康教育。

首先,具有幼儿视角,珍视幼儿权利。以"幼儿发展优先"为基点,重新审视课程理念。大健康不仅关乎当下的发展状态,更要面向未来的成长过程。在培育"四实"幼儿时,确保每一位幼儿享有高质量的课程体验,从幼儿视角出发,重视孩子的权利,让每一个孩子都能"成为健康的自己"。

其次,创设立体空间,打破静态思维。高质量的幼儿活动空间是时间、空间、内容之间互动形成的立体架构,呈现动态变化。在建立幼儿活动空间时,我们不再以静态化的思维方式考量,需要突破原有单一物理空间的局限,转向全方位立体空间的打造。

最后,体现师幼共构,优化课程实施。以"一日生活"为落脚点,积极探求新的课程观,迭代升级健康课程大系统。高质量的健康教育需要唤醒幼儿和教师的成长自觉,需要在幼儿园和家庭间找到连接点,突破课程内涵与活动空间的关联逻辑,让健康课程真正回归儿童。

# 第一节 幼儿立场,空间与课程深度关联

从幼儿立场出发,我们致力于创造一个连接课程的优质教育空间。这样的空间应关注幼儿成长自觉的唤醒,以实现幼儿自我引导;满足幼儿多元化、个性化的学习需求,为跨年龄的幼儿跨领域的活动提供机会;应为多种形式开展活动创造条件,能够满足幼儿与资源、与人充分互动的需要。

## 一、整合性的物理空间,关联系统规划

在大健康视域下,幼儿活动空间、生活空间的微小变化都会影响其心理和行为上的发展和改变。以幼儿为主体,尊重幼儿的想法,鼓励幼儿表达自己的创意,满足幼儿空间的需求。以空间为载体,升级健康课程的"大系统",让健康课程真正回归儿童并提升过程质量,撬动上海市实验幼儿园健康课程的新发展。

**案例:沙水区的改造**

通过自然观察、幼儿自主语言及画语表达等方式收集幼儿想法后,教师纷纷表达了对沙水区改造的愿望。

教师A:今天轮到我们班级玩沙水,可是沙水室和教室相隔距离太远了,孩子们来回一趟,已经花去了三分之一的时间,导致真正玩耍的时间不多,孩子们也玩得不尽兴。

教师B:我们也有类似的情况。孩子们很喜欢玩沙、玩水,但大部分时间都在路上消耗了。

教师C:虽然我们班相对较近,但由于班级人数较多,同时玩耍显得拥挤。

由教师对活动室使用的议论引出活动空间距离不合理、难以满足班级幼儿的活动需要等实际问题。以问题为切入点,我们发现物理空间对课程实施的支持与制约的关系。我们期望调整和改进的不仅是"环境",而是一种教师的课程"观念",即合理规划布局,思考各类活动材料与儿童发展的联系,采取分两步走

的策略。

### 第一步：分楼设置

A楼沙水室：楼层分布的班级是两个中班和两个大班。沙水室设在中(1)班和中(2)班门口的长廊上，方便中班孩子一出教室就能玩耍，大班的孩子只需要走下一层即可到达，大大缩短了来回路程花费的时间。

B楼沙水室：B楼的班级较多，涵盖小、中、大班年龄段。在一楼设置一个大的沙水室，可以方便本楼孩子的使用。

C楼沙水室：利用原有的喷水池和亭子，分别设置玩沙、玩水的内容，便于该楼孩子玩耍。

### 第二步：分年段提供材料

材料取用：沙水工具用扭扭棒和绳带绑着并悬挂在栏杆上，适合锻炼孩子系、绑、扭等精细动作（适合中大班）；沙水工具用各种大小不一的夹子夹起并悬挂在栏杆上，适合锻炼孩子夹取工具的力量（适合小班）；在沙水场地旁围上一张小网，各种工具可以挂在网上，方便孩子取放（适合托小班）。

丰富情境和材料：对于托小班孩子，玩水处提供了水枪，墙面贴有动物图片，孩子扮演猎人，用水枪打中动物会发出叫声，也可在沙池中随意拼搭，观察沙中与平地使用的不同。对于中大班孩子，投放纸箱材料，孩子可利用各种纸箱拼搭出不同造型的沙槽，利用纸箱做成不同物体的造型等，还可增加辅助材料，让孩子根据自己的游戏需要去创造新的东西，即让孩子在游戏过程中发现、探究各种现象，如材料在水中的沉浮、沙雕的造型过程等。

## 二、多元性的社会空间，关联多方互动

幼儿园的活动空间是儿童学习、生活和游戏的基础场所。它不仅能对儿童身心的健康发展起到重要的作用，更重要的是在于启迪并教育儿童，助力儿童在获得知识的同时，增强对人际关系的认知，挖掘儿童自身的潜能，从而达到身心的全面发展。

### 案例：一波投诉（吴怡）

我们班在一楼，敞开大门就是一个大大的沙坑和琳琅满目的车辆。在户外游戏时间，许多孩子都会选择玩车和沙。不一会儿，我就陆陆续续收到了

投诉:"吴老师,今天我们玩车子,你们小朋友一直在这里来回跑,怕撞到噢。""吴老师,我们小朋友要保留他们沙坑里的作品,麻烦你们小朋友不要碰到哦。"

我到底应该尊重孩子的选择吗?还是叫他们玩别的呢?在这个空间中如何有效进行教育和时间的空间共享、融合?

问题1:小班游戏的时间大班正好在运动,玩车区里,小班幼儿毫无规则的行驶影响了大班幼儿。在这个共享区域里,小班能和大班一起玩吗?

问题2:沙坑是孩子比较喜欢的游戏内容,但是每个班级排到在沙坑的时间比较少。如何满足每一个孩子的自由参与?如何让孩子的作品有所保留呢?

我把这些问题带到了交流分享会上讨论。孩子们想出了几个办法:

一是和哥哥姐姐一起开车,沿着相同的路线行驶。还有的小朋友可以做"警察"指挥交通,这样去沙坑过马路的小朋友就安全了。

二是换一条线路开车,避开哥哥姐姐的行车线路。

三是给哥哥姐姐的作品做好标记,我们可以跟着哥哥姐姐学。

第二天游戏时,我发现有的孩子选择了新设计的路线开车,有的孩子选择和哥哥姐姐一起开车,还有的"小警察"指挥起了交通,"小客人"玩起了过马路的游戏,拿着挖沙工具过马路去到对面的沙坑,哥哥姐姐也跟着"小警察"的交通指示灯,红灯停,绿灯行,没有了原先的混乱。小弟弟小妹妹也融入了哥哥姐姐的运动中,还跟着哥哥姐姐学习新的开车技能。场面祥和,在这个空间里,孩子们实现了共享和融合。

如果我当时阻止了孩子的游戏,也许就不会有如此美妙的画面出现。

建筑师马岩松说:"我回想小时候上的幼儿园,和后面看到的幼儿园,都在想孩子心心念念的是什么。我想是自由与大爱。幼儿园不一定要在硬件上有多大的给予,但必须让孩子们感受到自由与爱——它们让孩子们的发展有无限的可能性。"幼儿园的教育空间不应该是封闭的,它应该实现共享和多元化融合,使得每一个空间都能够成为体验、探索和学习的自由岛,给予幼儿多方互动的机遇与体验,让幼儿在自由快乐中成长与收获。

### 三、舒适性的心理空间,关联幼儿权利

空间环境不仅是一个物理空间,也是一个教育场所。要尊重孩子们在空间环境使用中的主体性地位,让他们成为空间环境重构的积极参与者。与环境的互动,可以通过潜移默化的影响促进他们的情感、智力和社交能等综合发展。

**案例一:悄悄屋变形记(张怡、严一凡)**

开学前,我们计划将若干小空间作为孩子们的游戏场地。然而,开学后,我们发现孩子们在大多数情况下都是将里面的物品摆到教室中间使用,极少情况会在里面游戏。

有一次,孩子们来到了宝宝议事厅,里面的毛绒地毯吸引了他们的注意。"这个毯子好好看呀!""摸上去好舒服哟!"他们的小手不停在毯子上来回抚摸,看上去似乎都不舍得放手。既然这样,为什么不把毛绒地毯也在教室里安排上呢?于是,我们购置了孩子们喜爱的毯子,并将其铺设在这个小空间中。

"有时我会想念爸爸妈妈。""我难过的时候就想要抱着软软的东西。""我喜欢闻好闻的味道,然后就会变得开心。"收集信息后,我们将那些会想家人的孩子们的全家福照片布置于小空间中;对于有明显焦虑情绪的幼儿,我们还联系家长一起参与,用点读笔记录下父母对孩子的话语,并贴在全家福照片上。当孩子们有需要时,他们可以在这个独立的小房间里表达情绪、缓解情绪。此外,小空间中还装饰了漂亮的灯带,放置了软软的玩偶、抱枕,挂上孩子们喜欢的散发着花香、水果香的香水片。就这样,属于我们班的"悄悄屋"诞生了。

正当我们沾沾自喜的时候,却发现,悄悄屋竟然日益冷清了。孩子们互相很熟悉,就连开学之初分离焦虑最严重的几个娃也不再哭闹,他们都更喜欢和同伴在一起活动,没有需求再来到悄悄屋中了。

啊呀,这可怎么办?悄悄屋难道要打入冷宫了吗?转机出现在了一次早上的游戏时间。班上的女孩小布丁经常会在游戏中扮演"娃娃家"的"妈妈",平时她的"娃娃家"都是开在距离悄悄屋不远的地方。这一天,小布丁突然说:"老师,我可以带'宝宝'到悄悄屋里去吗?"

还记得最开始这个空间创设的活动场景是什么吗?正是游戏!难道兜兜

转转现在还是得变回游戏了吗?

对于孩子的询问,我当然是给予肯定的回答。因为我也很好奇,当初他们不愿意在其中游戏,现在又会怎样玩呢?

小布丁带着"宝宝"来到了悄悄屋,将"宝宝"放在柔软的地毯上并盖上小被子,轻轻地哄"宝宝"入睡。悄悄屋,从悄悄地让自己心情平复,变为悄悄地玩一些需要安静的游戏。

班中的男孩洋葱也被吸引加入游戏中,他是"娃娃家"的"爸爸",正和"妈妈"一起照顾"宝宝"。"妈妈"在不停地对"爸爸"和宝宝说些什么,而"爸爸"则是侧躺着陪伴着宝宝,仿佛是一个真实的"小家庭"。

悄悄屋的空间重构没有在硬件设施上重新设计和调整,而是不拘泥于一墙一屋,关注、顺应、满足孩子的需求。我们幼儿园的健康课程蕴含着无限的教育价值。我们的空间重构更重情绪、情境与童趣,让孩子与我们一同感受不断变化中的悄悄屋蕴藏的无限魅力。

### 案例二:当梦想成为现实(沈雪莹)

今天轮到我们班的孩子享受滑滑梯的乐趣。然而,有几个孩子却表现得兴致不高,仅仅滑了两次就坐在了一旁。当被问及原因时,他们无奈地回答:"滑梯不好玩。"面对这样的回答,我引导孩子们思考:什么样的滑梯才能让你们觉得好玩呢?

孩子们的想象力瞬间激发。有的孩子满怀期待地说:"我想把滑梯变成彩色的,那样会更加漂亮。"有的孩子提出:"我希望改造滑梯,让它变得更有趣,比如增加一些滑道,甚至可以从房子上滑下来。"还有的孩子说:"我觉得滑梯的底部应该改成平平的,这样脚就不会卡住了。"更有孩子建议:"我希望草地上也能有滑梯,可以是机器人造型,它的两个手是滑梯,肚子上是蹦床,我们可以跳上去。"

在"改造滑梯"之后,孩子们对于幼儿园的各个角落改造有了更强烈的愿望。他们纷纷拿起画笔,开始勾勒出自己对幼儿园的期望。

有的孩子描绘了心中的图书室,他希望这里可以更大一些,可以分成许多小区域,让他可以自由走动,去不同的区域看不同的书。他还在图画中展示了改造后的三楼平台,加了一个顶、一扇窗,变身为阳光房,避免积木掉进缝隙里。

此外他还建议将沙和水搬到三楼平台,这样离教室更近一点,可以随时去玩。他还细心地将区域分为三块,让更多的人可以同时使用。

在紫藤长廊的改造上,孩子们也有许多想法。有的孩子认为应该多种一些好看的花草,让长廊变得更加漂亮;有的孩子希望在长廊上挂一些小装饰,比如星球和动物,让长廊变得更加有趣;还有的孩子则希望在长廊里装上吊床和秋千,提供更多的游戏等活动方式。

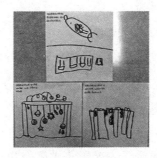

对于园里的草地,孩子们希望在此能种更多的树和花草,让草地变得更加生机勃勃。有的孩子建议将篮球场放在树下,提供更加舒适的锻炼环境;还有的孩子希望在苹果树下放一些攀爬架,这样即使苹果树长高了他们也可以爬上爬下摘苹果。

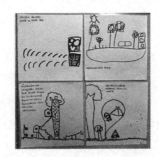

经过小小设计师的改造,幼儿园成了一个既安全又舒适,还能激发幼儿创造力的场所。这个活动,不仅尊重幼儿的主体性,让他们有机会充分表达自己的想法和选择,而且这一过程让幼儿学会了解决问题、与他人合作以及表达自己的想法,促进了他们的情感、智力、社交和运动等方面的综合发展。

# 第二节　互动连接,幼儿自如体验活动场域

幼儿园教育是"活的教育"。我们要一切从儿童的发展出发,将幼儿教育从书本和教条中解放出来,打破对幼儿完整天性发展的限制,让幼儿在时空、资源无限联通的大场域中游戏探索、自主学习。

如前所述,幼儿活动空间是动态的立体架构,包含着整合性的物理空间、多元性的社会空间以及舒适性的心理空间。从幼儿的视角去深入分析幼儿主观感受到的空间,或分析幼儿所偏爱的空间特质,每一处都要从孩子的角度出发,尊重孩子的个性发展需要,才能充分保证每一个空间都能让幼儿产生留恋和盼望的情绪,体验激动和有趣的感受,能让幼儿感到舒适和安心,让幼儿园的活动空间真正成为孩子的心灵乐园。

## 一、连接自然,体验留恋、探究、野趣

我们追求真实的户外自然环境,为幼儿打造一个沉浸在自然之中的空间,为其提供与大自然亲密接触的机会,鼓励幼儿探索未知的领域,发现世界的奇妙,培养幼儿观察、探究的能力,在一步步探索中感受这个充满奇遇和发现的自然乐园。

### 案例一:一草一木皆世界(李文宇)

孩子们天生就喜欢在广阔、绿油油的草地上奔跑、游戏,在小山坡上探索,喜欢蹲下来用手和脚感受草地带给他们的体验。有时,他们会发现不同树木掉落的各种形状的叶子,会触摸每一棵树木的纹路,会发现身边各种各样的小虫,会发现小菜园中的蔬菜有了变化等。正因为有了这些多姿多彩的感受和探索,

孩子们才更愿意走出教室，想要探索除了自己班级门口的生态角之外的健康、绿色的场地资源。

我总是会问孩子们："你们想去哪儿散步？"

"小菜园、紫藤花架、风雨操场后方的大草地。"这些都是他们想要去的地方。

既然孩子们这么喜欢，那我为什么不能多给他们时间和机会，让他们真真正正地走进他们喜欢的这些场地，说不定还会有意想不到的发现。

### 绿意盎然，尺树寸泓

幼儿园所有的生态环境其实都是孩子们自主学习的空间，对植物的照料和探索可以融入每一处：后方小路边的金橘树、银杏树，长廊下的桂花树，塑胶场地边的枣树……

于是，我们开展了一个议题：我最喜欢幼儿园里的哪些花花草草，我可以……

通过孩子们的画语，我了解到他们的想法：

秋天，我想用桂花做桂花糕，桂花真香啊！

我想用银杏树叶做书签。

我记得夏天的时候长廊上有葡萄，我想在长廊下摘下葡萄做果酱。

我最喜欢枣树，能不能用枣子做糕？

我最喜欢小菜园，我很喜欢看蔬菜，但是我们教室门口的菜地太小。

我也是，我也是！幼儿园后面的菜地真是太大了！

原来孩子们对幼儿园的生态环境充满着期待与向往，那就开始我们的"一草一木皆世界"的探索活动吧。

### 风雨操场中

风雨操场中的植物有许多，有叶如小针一般的罗汉松，有孩子们一直记着的枣树。

九月是枣树结果的时节。一早孩子们叽叽喳喳地提醒我要去看看。于是我们找了空闲，浩浩荡荡来到了枣树下，抬头一看，确实树上已经有了不少小果子。这时，我们发现地上也掉落了零星几颗，孩子们如同珍宝一般捡起来仔细

观看,并有了不少问题和发现:

这些枣怎么有红有绿? 上面还有条纹。

这些枣能做枣糕吗?

为什么它们会从树上掉下来呢?

结合孩子们的问题,我们还开展了关于枣树的系列活动,了解枣的种类、知道枣糕的制作过程和选择什么样的枣最合适。通过在家中尝试,明白了枣为什么会掉落,猜测原因可能是土壤营养水分不够,也可能是阴雨天气的影响。

## 小小菜园里

收获的季节,小小菜园里也别有一番滋味。清香的薄荷、绿油油的白菜、大大的萝卜、红彤彤的草莓,都深深地牵着孩子们的心。来到小菜园,孩子们会蹲下来,轻轻用手抚摸叶子,看看泥土。有时会发现菜叶上有虫洞,有时还会发现藏在叶子里的小小蜗牛。他们会问:"为什么小菜园的萝卜长得那么大,我们的萝卜却很小呢?""我们可以怎么照顾蔬菜呢?"

随着一次次提问与思考,孩子们会将自己的发现与解答记录下来,形成一份"种菜指南"。

## 紫藤花架下

长廊是孩子们的必经之路。长廊附近也种植着不少植物,有四月开花的银杏,有十月飘香的桂花,有六七月成熟的葡萄。孩子们会在树下捡拾落叶,发现叶子的不同形状,将不同形状的叶子收集起来。孩子们还表示能够将叶子装饰一下,说不定下午游戏时还可以用呢! 将桂花收集起来,可以做一份香喷喷的香囊。

## 后方小路上

后方小路绿荫环绕,花团锦簇,还时不时会飞来小鸟,被孩子们喻为"幼儿园里的秘密花园"。这里有着丰富的自然资源。有一个下雨天,孩子们惊奇地发现了一只无法躲雨的小鸟。随后，孩子们开始寻找自己身边的材料（小树枝、小盒子等），想要为小鸟制作一个个小鸟窝，但这样的鸟窝不是一蹴而就的，孩子们在寻找材料的时候也是费尽心思，有时发现一根树枝，有的心细的孩子会觉得容易弄伤小鸟，那就再换一种材料。在制作的过程中，我为孩子们播放了小鸟筑巢的视频，让他们了解到什么样的材料更加坚固、更加适合小鸟居住。在孩子们自主学习和探索中，一个个小鸟窝完成啦！

在"一草一木皆世界"活动中，孩子们不断刷新着发现。比如在小山坡游戏时发现了小蘑菇，顺势我们也开展了"蘑菇，吃还是不吃"系列活动。有时在散步时发现窜上屋檐的小猫，孩子们嬉笑着说："除了花花草草，小猫咪也是幼儿园的一分子呢！"

在孩子们的眼里，空间不仅仅是一房一墙。重构不是将原有的资源推翻，而是让原来的资源与环境、文化变得更加融合，以充分打造一个可以给孩子们体验、操作、主动学习的空间，拓展更多的可能性。

**案例二：玻璃墙上的风景线（胡喆）**

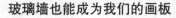

玻璃墙也能成为我们的画板

有一天早上，彤妹来到玻璃墙前，透过玻璃观察哥哥姐姐运动的样子，喃喃自语道："要是可以直接在玻璃上画就好啦，一边看哥哥姐姐，一边画下来！"

既然孩子有这样的想法，支持当然是第一位啦。于是，我马上回答："彤妹想在玻璃上画吗？可以试试呀！"

彤妹惊喜地说道："真的可以吗？"考虑到玻璃的属性，我找了几支彩色的白板笔，让彤妹在玻璃上画画。在当天分享交流时，彤妹介绍了自己在玻璃幕墙上的画。孩子们都非常兴奋，你一言我一语。安迪感叹道："原来画画不只可以在纸上、桌上、玻璃墙也能成为我们的画板，我明天也要试试看！"自从玻璃墙成为大家的画纸之后，大家都争先恐后地想来试一试在玻璃上画画的感觉。

### 畅聊玻璃墙上的那些事儿

孩子们对现在的玻璃墙越来越喜爱，玻璃墙成了他们的写生板。他们乐于把自己观察到的内容都记录到玻璃墙上，有的时候记录的是哥哥姐姐运动游戏的样子，有的时候是大家最爱的升旗仪式，有的时候记录的是校园里的静物。

小川和小彦聊道："平时玩滑滑梯，感觉很大很大。现在透过玻璃看，远远地看滑滑梯，感觉变小了，像一辆小火车。我来给它添上小轮子。"

有的时候孩子们会根据最近的点、感兴趣的点进行记录。例如六一儿童节要到了，孩子们会画出自己的清单，会在自己的记录旁标上自己的学号，在自由活动的时候会相互交流，看不懂的可以根据标记的学号去询问朋友。

### 玻璃墙上的风景真精彩

恰逢家长开放日的活动"鲍勃的蓝色忧郁期"，有一个环节内容是尝试用色彩帮助鲍勃消除忧郁的情绪。我们在每一面玻璃墙上画出不同的蓝色忧郁鲍勃的雏形，留白处留给孩子们来创作。第二天开放活动的时候，孩子们惊喜地说道："鲍勃真的来到了我们中（2）班。"每一个孩子都来到玻璃墙前，用自己的画笔以及各种各样的彩色装饰物去帮助鲍勃，帮助他走出蓝色忧郁的世界。阳阳说："鲍勃你不要不开心哦，我给你一个红色的爱心，你快点开心起来哦！"彤妹给蓝色的小猫咪打上腮红说道："我给你打扮得漂漂亮亮的哈！"

玻璃墙成为孩子们流连忘返的地方。只要有空，孩子们就要来这里看一看、画一画。下雨的时候，他们喜欢透过玻璃看幼儿园。雨滴在玻璃墙上缓缓滑落，透过雨滴观察校园。小雪说："幼儿园好像变得不一样了，幼儿园好像颜色变淡了，很像我在美术馆看到的画，真好看呀！"要迎新年啦，嘟嘟迫不及待地拿着笔来到玻璃墙前："龙年要来啦，我要画龙哦！"孩子们只要想记录，第一时间就想起玻璃墙，迫不及待地记录自己的新发现。

他们都爱上了在长廊上玻璃墙画画。得益于长廊提供的开阔空间，孩子们能够通过玻璃墙观察到更多事物。玻璃墙与传统的记录方式相比，为幼儿提供了更广阔的画面，同时促进了幼儿间更多的交流。大家可以自由地分享各自的发现和画作。在此过程中，伙伴们通过相互的交谈，学习到新的经验，激发了更多的创造可能性。我们期待未来的玻璃墙能更加丰富多彩，也期待孩子们带来更多新的创意。

在日常"对话"中，帮助幼儿收获独特的情感体验，才能促进他们更加积极、愉悦地投入活动。作为幼儿园的小主人才会更有主人翁意识，更加自主、主动地参与环境改变。来源于幼儿，回归于幼儿，才能让空间重构更有价值和意义。我们要关注"每一个儿童""不同的儿童"和"未来的儿童"，让幼儿在交互中主动学习。

## 二、连接新奇,体验激动、盼望、和谐

我们致力于构建一个积极向上、互动和谐的人际交往场域,让幼儿发展出一种积极的社交心态。这样的环境,能让幼儿懂得分享自己的资源和经验,理解和尊重他人的差异,以建立稳定和健康的社交关系,培养幼儿适应未来社会的能力。

**案例一:好邻居,我们一起玩吧(潘琪)**

下午,外面下起了倾盆大雨,我们只得在教室里玩游戏。由于我们教室较小,活动时常开着教室门,以利用门口走廊的公共空间。我巡视着孩子们的游戏。我发现有几个性格外向的孩子偶尔跑到中(4)班门口,向里张望。

"我在里面看到方老师了。"

"他们班也在玩游戏诶!"他们笑嘻嘻地回来报告。我注意到隔壁班的几个孩子也在向我们这边张望,对我们同样好奇。

"你看隔壁班的小朋友也在看我们,怎么办?"我故意对我们班的孩子问道。

"那就一起玩吧!"他们回答道。经过询问后,他们邀请了几个中(4)班的孩子参与我们的游戏。他们一起在公共区域表演,过了一会儿,他们问我:"我们可以去中(4)班里看看吗?"

我说:"你们问问中(4)班的孩子愿意吗?"得到肯定的答复后,他们开心地走进中(4)班,开始了游戏。在游戏交流时,这几个孩子分享了自己的愉快经历,开心地说着自己的发现。"原来中(4)班教室很大。""他们班的'警察'有'枪'。"其他孩子听了也提出想去隔壁玩。于是,我问他们:"那你们想在什么时候去中(4)班玩? 需要老师提供什么帮助?"孩子们提出了很多自己的想法:希望门一直开着,方便游戏时搬东西;希望对方的小朋友来我们班级玩。

于是,在下一次游戏时,孩子们尝试去了对方班级。两个班级的小'警察'拿着玩具手枪开始射击比赛,'消防员'们在一起巡逻检查……

门敞开之后,孩子们的游戏内容变得更加丰富了,游戏场地也变得更加宽敞了,孩子们都开心极了。偶尔有个别胆小的孩子一开始不敢进入对方班级,经过一段时间的观察后,也开始放心地融入了。"打开门",简单的一个动作,就能让孩子的游戏空间变大,本来仅仅是自己班级的一方小天地,加上了门口的公共区域,

现在隔壁班级的教室也变成了孩子们活动的场所。这种天然的地理优势让孩子们有了更多的社交机会，扩展了自己的游戏经验。"打开门"，不仅仅是打开自己班级的门，也是打开对方班级的门。我们要支持、鼓励孩子们打开不同的"门"，引导他们积极探索空间，拓展自己的活动区域，做幼儿园里的小主人。

### 案例二：玩车区变身记（严一凡）

孩子们在幼儿园里已经度过三年时光，对风雨操场十分了解。起初，他们非常喜欢在风雨操场玩车，但不久便发现这样的场地对玩耍有一定的限制。适逢"露营派对"活动的举办，孩子们惊喜地发现，原以为固定不变的环境竟然也能变化。

#### 打破常规，停车改造

以往，玩车区的停车场设立在风雨操场里，这样做虽便于取用车辆，但让玩车空间变得狭小。面对这一困境，孩子们经过实地考察，提出可以利用风雨操场周边的空地作为停车场。"可是我们运动的时候，是小班弟弟妹妹来园的时

间。这样停车会影响他们走路吗？"有细心的孩子考虑到其他年级幼儿的通行问题。

"平时紫藤长廊下也是骑车区，我们可以设置两个停车场，这样既不影响走路，两边拿车又都很方便。"

他们根据平日里活动的经验，将车辆分为两类：适合在长廊骑行的以及适合在风雨操场骑行的。通过这样的摆放，风雨操场的空间得到了扩展，车辆摆放亦留有足够通道，玩车区的物理空间随之发生变化。

#### 脑洞大开，创新活动

场地变得大一些了，那我们在其中的活动是不是也能有所改变呢？孩子们化身成为小小设计师，拿起画笔，开始绘制在当前场地想要进行的一些玩车活动。

1. 设计不同路线，提升活动难度

既然不再受地面箭头提示的限制，骑行路线当然可以有所改变。比如，有孩子提议可以横向使用场地，虽然乍一听，路线变短，难度应该会降低，但其实并不是这样。路线变短意味着车子掉头的频率变高，而转弯、掉头更考验孩子

们骑车的水平,难度反而是提升了。

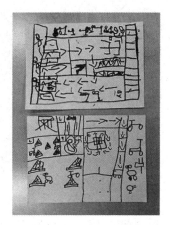

　　有的孩子并不满足于仅仅在风雨操场或者是紫藤长廊玩车,他们想要将这两个地方连起来,让车子开得更远。这就产生了一个新问题:连接这两个场地的通道非常狭窄,仅能作为单行道使用。那么,如何使之变得宽敞、双向通行呢?孩子们将目光投向了教学楼门口的斜坡,认为可以利用此斜坡,让连接两个场地的通道变得更宽敞。斜坡的加入不仅使通道变宽,也为骑车增添了趣味性和挑战性。

　　此外停车场的迁移,也让风雨操场的承重柱周围变得空旷起来。孩子们想到以前骑车时,我们总会放置一些障碍物增加难度。那这些承重柱不也可以利用起来吗?他们充分利用原本感觉有些累赘、影响活动的承重柱,使之成为一个天然的障碍物。就这样,玩车区的心理空间得到了重构和提升,原本不受欢迎的角落,也变得热闹非凡,广受孩子们的喜欢。

　　2. 融合不同玩法,增加活动趣味

　　"玩车区还有没有其他玩法?"孩子们的提问引起了我的思考。是呀,风雨操场难道只能将不同的车辆骑来骑去吗?我们能进行创新吗?答案是:当然可以!

　　由于投掷是孩子熟悉的运动内容,他们想要将投掷与玩车相结合。风雨操场的地面平整,视线开阔,可以看到场地的各个角落。于是,他们想在风雨操场的各个地方摆放一些塑料筐作为固定目标,车辆上放各种软球,这样就可以一边骑车、一边投掷,或者是让部分车辆上绑好塑料筐,当作移动目标。

在风雨操场的旁边是后操场,我们经常在这里进行走、跑、跳的运动。接力跑是常见的运动内容。孩子们将接力的形式与玩车结合在一起,并不断改进。

幼儿体验了通过自己的双手改造环境带来的快乐。于是,他们开始改造环境、改造材料、改造游戏方式⋯⋯在这个过程中,他们关注了环境的改变对同伴的影响,尝试以"众乐乐"为目标进行调整,主动思考活动的内容、材料的运用与可变,从而引发了源源不断对快乐游戏的期盼。

### 三、连接情感,体验安全、温暖、信任的场域

关注幼儿的情感需求与个体差异,为幼儿创造一个舒适可信的安全环境,让幼儿以自由放松的心态面对和挑战困难,促进幼儿心理健康的发展。

**案例一:我们和蝈蝈的故事(沈蓓莉)**

#### 班里来了新朋友

教室里的健康生态角迎来了秋日新朋友:小景和小张带来的小蝈蝈。这两个活泼的小家伙很快成了班里孩子们的团宠。孩子们只要一有空就都聚到它们身边,驻足围观。

小怡一边用小树枝逗蝈蝈,一边激动地跟小伙伴分享:"这两只小蝈蝈好活泼哦,总爱在竹笼里跳来跳去。"小和好似发现了新大陆般地叫了起来:"啊呀,蝈蝈拉粑粑了,短短细细的一丢丢,真好玩。"

### 给小蝈蝈们找新家

很快，令大家头疼的事来了。小蝈蝈大概是吃得太饱了，加上天气暖和，此起彼伏地唱起来了，这方唱罢那方唱，完全没有想要停下的样子。

这时，一个声音冒了出来："沈老师，我们是不是可以把小蝈蝈送到田园中心去呢？那里地方宽敞，太阳又足，平时大家都在自己班级，它们也会比较自由，随意歌唱不会影响别人。"一众小伙伴听到了，纷纷表示都想在田园中心养蝈蝈。

### 满心接纳小蝈蝈

"田园中心那么大，来上一群小蝈蝈应该会热闹很多，田园中心到时可以开个蝈蝈乐园了！"一听可以养更多蝈蝈，孩子们兴奋得又叫又跳。

应景的秋日里，田园中心迎来了一群新朋友——小蝈蝈们。这帮新朋友是孩子们的心头爱，小主人连名字都给它们取好了。每当有空，孩子们就嚷嚷着要去蝈蝈乐园陪小蝈蝈玩，给小蝈蝈喂好吃的。蝈蝈的歌声和孩子们的欢笑声此起彼伏，场景欢乐无比。

## 一只小蝈蝈死了

一天早上，孩子们照例去找蝈蝈玩。这时，小潘突然大叫："啊，我的蝈蝈不动了，它死了！"顿时，大家都簇拥过去想要一探究竟。

在确认了小蝈蝈死了后，孩子们变得安静了。虽然之前在收集蝈蝈信息资料时，大家已经知道蝈蝈的寿命最多三个月，但这一天如此之快地到来，显然超出了孩子们的心理预期。

## 一起埋葬小蝈蝈

面对已经不再动弹的小蝈蝈，大天若有所思地说："要不我们把这只小蝈蝈埋了吧，埋在田园中心的植物旁，能和小蝈蝈的好朋友们在一起。"

说干就干，孩子们找来了小铲子，为小蝈蝈选好了一方薄荷地，一起送别陪伴了他们一个多星期的新朋友。"小蝈蝈，我会想你的！""小蝈蝈，你到另外一个世界也要找到好朋友哦！""小蝈蝈，谢谢你陪我一起玩。"

### 写信送给小蝈蝈

大家纷纷表示要写信给蝈蝈。于是,一场爱的流淌活动就此开启。小和看到小川涂色时用了蓝色,连忙关照说:"大家涂颜色的时候少用蓝色、黑色这样的冷色调,尽量选粉色、红色这样的暖色调。"

孩子们的画面中直观地透露着他们的情感。小徐画了一张哭脸:"小蝈蝈离开了,我挺难过的。"小张则说:"虽然我不会画蝈蝈,但是我画了很多爱心,还画了个小果子代替蝈蝈,我很想念它。"温暖和爱正在被传递着。

### 用心照料小蝈蝈

自从小潘带来的蝈蝈离开后,孩子们对剩下的蝈蝈关注得更多了。

小怡说:"沈老师,周末我们可以把蝈蝈带回家去照顾吗?我怕它饿肚子。"

小桃说:"蝈蝈的房间太小了,我想和爸爸一起给它造个大点的家,让它生活得舒服些。"面对一群如此体贴有爱的孩子,支持他们无疑是最合适的回应。

于是，周末亲子时光，小家伙们纷纷和家人开始了他们的周末陪伴计划，设计房子草图，盖房子，喂蝈蝈各种好吃的，和蝈蝈一起晒太阳玩耍……

通过追寻孩子们的真实需求，我们为蝈蝈找到了一个宽敞的新家——田园中心。在这里，蝈蝈可以自由地歌唱。在教师的引导下，孩子们也很愿意打开笼子让小蝈蝈们出来玩耍。即使几天后有只小蝈蝈离世，他们也能学着坦然面对。在持续的陪伴中，原本胆小的孩子也开始尝试让小蝈蝈靠近，给它喂食，陪它玩耍，周末还主动要求带小蝈蝈回家。在这种松弛的状态和温暖的陪伴下，孩子们与小蝈蝈成了好朋友，留下了满满的回忆。

在这个有形的幼儿活动空间中，幼儿、教师与生动的小生命在无处不在的安全感、温暖的氛围、信任的体验中互动，彼此支持。幼儿根据自己的发展步调与环境中的人、事、物互动，在教师的支持下，无压力地接触蝈蝈。他们的互动既可以亲密无间，也可以保持适当的距离。在与蝈蝈的相处中，他们寻找到了双方和谐共处的方法，既让自己感到舒适，又关爱蝈蝈的生命。幼儿、教师与蝈蝈之间的信任，为这个空间增添了温暖的色彩。

**案例二：幼儿园是我家（吴怡）**

从新学期开始，我们小班从一楼教室搬到了二楼。开学的头几天，我感觉我带的还是小班。几个小朋友来园时总是哭，为此，我和家长都很头疼。

"丁零零！丁零零！"教室电话响了。"你们的小朋友在门口哭着不肯进来，老师快下来看看吧。"我急忙从二楼跑下去接孩子。原来又是金宝宝，他最近总是哭着进来。不一会儿，陈园长又把汉堡抱进了教室。这个情景又像回到了小班，孩子为什么哭呢？

经过分析,我了解到:原先小(4)班的教室位于一楼,现在搬到二楼,孩子们需要走楼梯才能到达教室,这让他们感到害怕;新教室的陌生环境缺乏安全感;小班时总有教师陪同送到教室,而中班需要孩子们自己进入教室,这种无人陪伴的感觉让他们觉得孤单。

了解原因后,我决定采取针对性措施。我带领孩子们重新熟悉新班级的环境,一起探索进入班级的路线。在教师和同伴的陪伴下,这条路线也变得有趣起来。

幼儿园里还有什么地方有楼梯呢? 我们在幼儿园实地考察。

汉堡说:"瞧,这里有矮矮的楼梯。"

言言说:"白亭有楼梯,有两格。"

熙熙说:"玩车的地方有楼梯,我小时候在这里玩过越野车的。"

佑佑说:"我记得这个楼梯是通往活动室的。"

小雨说:"这里的楼梯是通向游戏室的。"

教室里面也有楼梯。

墨墨说:"教室里的楼梯和外面的都不一样,和我家里的楼梯很像,下面有一个小房间的。"孩子们围在一起,讨论着这个"小小的房间"。

追随着孩子们对楼梯的话题,我们开展了"议事厅"的活动。本次讨论的话题是"小小的房间可以做什么呢"。孩子们一致决定把这个小小的房间作为新家布置区,命名为"幼儿园是我家",并共同为新家的装修出谋划策。我准备好了所有的材料,让孩子参与新家的布置。

布置完成后,这里成了孩子们最喜爱的地方。午后的阳光透过透明的五角星窗帘洒进了这个小小的家,柔软的垫子上映射出五角星的图案,阳光照亮了家的每一个角落,五颜六色的点点贴闪烁着光芒,沙发散发着阳光晒过的香味。孩子们在这个小小的角落里分享玩具,窃窃私语,分享着他们的小秘密。幼儿园成为他们的另一个家,这里有亲爱的妈妈老师和可爱的朋友们,他们被爱包围,享受着小小的家带来的大大的温暖。

早上来园,哭声不再,孩子们都迫不及待地早早来到幼儿园,几个好朋友还约定一起进入。楼梯间里常常回荡着孩子们的欢笑声。

教育是有温度的。作为教师,我们应立足于幼儿的视角,在观察和解读幼儿的基础上,通过包容和接纳传递信任,让他们感受到如家一般的温暖。通过与教师和同伴共同参与的楼梯活动，幼儿在美好的体验基础上逐渐建立起对幼儿园的安全感。作为教师，我们应更多地蹲下身子，以儿童的视角深入分析幼儿主观感受的空间，探索幼儿偏爱的空间特质，让幼儿园成为一个可以让孩子们从后院玩到屋顶的地方。

## 第三节　对话共生，良好关系促进主动学习

在对课程文化的追求过程中，我们通过空间重构实现师幼共生环境的优化升级，以充分唤醒师幼的成长自觉，构建对话型师幼关系、协商型家园关系，合力促进幼儿的主动学习与健康发展。我们始终尊重"每一位"享有健康身心和健康生活的权利，赋能"每一位"的健康成长，并为"每一位"奠定健康人格。我们致力于关注每一位幼儿学习、探索、体验、表达的发展权利，提升每一位幼儿自主参与、积极管理、创造健康生活的能力。

### 一、开放预期，听见幼儿的心声

有学者认为，如果幼儿能够自由地选择、计划和决定自己的活动，而且教师能够理解幼儿的主动性需要并支持和延伸幼儿的主动活动，那么不仅幼儿能够全身心地投入活动，从而减少破坏性行为，教师也会正视和期待幼儿的行为，并减少对幼儿行为的控制。所以，两者之间会产生更多的愉悦和更少的争吵，能为幼儿主动学习创造良好的学习氛围。

**案例一：与孩子对话（顾青青）**

六月的一天，餐后我与孩子们一同散步。考虑到学期即将结束，孩子们即将升班，我便带领他们上楼参观中大班哥哥姐姐的教室。常驻一楼的小班宝贝们对楼上哥哥姐姐的"地盘"充满向往，他们一路从一楼走到二楼，再从二楼逛到三楼，细致地观察每一个角落，时不时与同伴交流感受。

当走进一间卧室的时候，孩子们透过窗户兴奋地指着里面的高低床对同伴说道："你看，哥哥姐姐的床是上下铺的呢！"

一些孩子随即询问我:"老师,我们以后也要睡这样的床吗? 我喜欢睡上铺,可以爬来爬去,真好玩。"

旁边几个孩子马上跟着说:"我也要爬到小床上,我也想睡上面。"

"还有谁也很勇敢,可以自己爬上去睡在上面?"我问道。

顿时,小手雀跃地举了起来。

接着,我问:"那睡在上面,要注意什么呢?"

"要注意安全,爬小床的时候小手要抓牢。"

"睡在上面的小朋友不可以站起来,会摔倒的。"

……

孩子们七嘴八舌地讨论起来。一场关于上下铺安全教育的对话就这么发生了。

在成人眼里,或许会觉得这是一个有潜在危险的环境,但在孩子眼中,它成了爬上爬下的玩乐设施,是可以和同伴互动交往的社交环境。害怕? 不存在的。他们还可以通过与同伴的经验交流学习了解自我保护的方法。由同伴间的经验交流产生的内容更容易被幼儿接受,基于兴趣的活动内容更容易激发幼儿的勇气。你以为的,只是你"以为"的,你担心的,也仅是你"担心"的。孩子的世界远比我们想象得更坚强、更纯粹。

### 案例二:你不懂我的快乐(方思瑜)

"子非鱼,安知鱼之乐?"想明白孩子在"乐什么",实在是一个宏大的命题——直到某个雨天。

在那天的户外游戏时间,突然下起了大雨,我们只得留在教室里。我原以为孩子们会很失望,没料想,久未在室内玩耍的孩子们反而玩得非常尽兴。在这个小空间内,孩子们充分利用了一切可用的设施:图书区变成了"书店",喝水区成了"饮料站","消防员"开始在楼梯处进行训练,"过家家"的孩子们窝进了建构区。即便是一向"泾渭分明"的两个表演游戏区,"奥特曼剧场"与"公主舞台"竟然开启了"合作模式"。他们还拉上了我:"老师,帮我们把电视打开,我们要放爱莎和赛罗奥特曼的背景音乐。"

分享交流时,孩子们也表现得格外踊跃,让我知道了更多让他们感到快乐的细节:楼梯扶手用小链条一挂,就能"锁好消防局",出任务的时候守住财产;过家家的"娃娃"来到书店,"妈妈"和"老板"一致为他选购了"娃娃看的图画书"；奥特曼与公主是商量好的，轮流上台，但是在《奇迹再现》这首歌里，公主会作为嘉宾一起登台……

为什么在室内的你们更开心了？仅仅因为很久不玩室内游戏吗？

"不是的！"孩子们说，是因为"楼梯很有用""电视让表演更精彩""书架上的书随便我们用""我本来就最想去建构区"……

原来无意间，我已经让教室的空间首次、真正、全部、自由地向孩子敞开了。

教师与孩子相处的过程，也是共同成长、共同了解的过程。我们应当给予孩子更多的时间与空间，与孩子一起抛开所有的限制，开心地利用空间资源，放开手脚去实践，期待着能"把所有空间献给孩子"。孩子也将真正感受到认可，并发自内心地说出："我在幼儿园里，每天都玩得很开心。"

## 二、支持幼儿，想见变化的可能

段义英、岳颖（2011）通过结合自身的教育实践经验，论述了在幼儿主动学习的过程中师幼关系的特点。宽松、民主、自由、和谐的师幼关系是幼儿进行主动学习的前提条件。在此基础上，幼儿园教师和幼儿之间要互为主客体。"教师既是教育的主体，又是幼儿学习的客体，幼儿既是学习的主体，又是教师教育的客体，并在教育过程中相互联系、相互制约、相互转化。"此外，在引导幼儿进行主动学习的过程中，教师首先要主动起来，包括主动选择材料、主动制订计划、主动与同伴交往、主动与环境互动等。

### 案例一：咦？还有这样的厕所（姚丽）

为孩子们提供准备充分的学习环境——开放公共区域的洗手间，就是期待"看到"孩子们能够根据自身需要自主如厕，期待"听到"孩子能够根据自身实际主动寻求成人的帮助，更期待孩子们在"感受到"活动空间重构后，健康意识和行为的变化。

这次户外活动，我们没有安排集体如厕，而是与孩子们约定可自主如厕。活动结束后，孩子们却提出了如厕需求。我不解地问孩子们："公共区域的洗手间都是开放的，为什么不去使用呢？"孩子们有的脸红了，有的欲言又止，有的犹豫不决……

《孩子的画告诉我们什么：儿童画与儿童心理解读》一书告诉我们："我们可以从儿童的图画中发现孩子隐藏的语言、担忧、害羞、缺乏安全感等种种情绪，他们希望一直得到成人的关注。除去语言,画语也可以达成沟通与表达的良好效果。"参照提示,我们引导孩子们进行画语"表达"。

表4-1 幼儿关于"如厕"的画语表达

| 幼儿画语 | 主要内容<br>(指向情绪) | 指向空间<br>(物理、心理、社会) | 改进措施 | 主要内容 |
|---|---|---|---|---|
| | 男女共用<br>无间隔 | 物理 | | 在门口做个性化标识,以区分男女厕所 |
| | 害羞 | 心理 | | |
| | | 社会 | | |
| | 没有老师保护 | 物理 | | 请同伴做值日生保护 |
| | 担心 | 心理 | | |
| | | 社会 | | |
| | 不会使用蹲位 | 物理 | | 在课间十分钟里,练练核心力量,看看绘本书 |
| | 害怕 | 心理 | | |
| | | 社会 | | |
| | 缺少环境布置 | 物理 | | 用我们喜欢的图案、鲜花等方式装扮环境 |
| | 无趣 | 心理 | | |
| | | 社会 | | |

看似合情合理的"放手",却是事与愿违的"失手"。无人问津的洗手间,还需要如约开放吗?既然问题从孩子中来,我们也应该进一步听听孩子们的心声。合理的物理环境、正向的心理空间和稳定的社会空间,在空间重构的过程中缺一不可。它们互相影响,相互渗透,共同作用赋能幼儿的健康行为。

当站在儿童的视角进行观察和解读后,教师不应仅仅止步于信任幼儿,更应通过主动变革来支持幼儿。这包括提供丰富的资源、重构主题内容、调整家园协作共育等多种方式,以助力幼儿成为具有行动力的建构者。

**案例二:我想把所有空间献给你(方思瑜)**

我们所认为的"教室空间"属于孩子,其实并没有完全地把空间交给他们。仔细回想,有时,孩子在午间自由活动时会问:"老师,书架上的书可以随便看吗?"我回答:"可以,但不要弄乱。"

有时,孩子午睡前上楼梯时,他们想探头看看下面,我赶紧说:"别看!小心摔下来!"

有时,集体活动中电脑跳出广告,孩子炸锅讨论起广告内容,我立刻熄屏:"现在是上课时间!"

看上去,我所做的都是一位负责任的带班教师应该做的事情。我注意孩子阅读时的整理习惯、上楼梯时的安全意识、学习时间的专注度培养,无时无刻不在细节与行动中,乃至于环境创设中给孩子以相关的促进。我以为,这对孩子的发展是绝对有益的。但孩子心中感受到的却往往是"不自由",因为这些都是"老师叫我不要做"的。

尝试统计了一下自己与孩子的对话,我发现,在一天之中,自己说"不"的次数比说"可以"的多,孩子问我"行不行"的次数也比"直接去做"要多。孩子们会下意识地认为:教室是老师管着的。不仅教室是如此,整个幼儿园空间都是这样,孩子心理上知道这不可以"随便玩",有事要经过大人,尤其是老师的同意。即使是自由活动时间,我自以为给了孩子很多自由,但孩子在这样的理念驱使下,势必在自我限制中进行活动。他们在玩耍时有所保留,甚至还会试探老师。他们不认为,自己在这里获得了真正的自由。

让孩子们"自由"一天后的第二天,一切秩序照常。午间自由活动时间,孩子也依然回到了"老师,这个我可以做吗"的常规模式。昨天的自由魔法,如同灰姑娘的南瓜马车,一夜之间消失。但我知道,昨天的快乐没有熄灭,而是点亮了孩子心里的一个开关。

孩子们比以往更加自由。问我"老师,我可以做什么呢"的孩子变少了,取而代之的是有更多的孩子在教室里走来走去,去发掘自己想做的事。自由活动时间到了,恋恋不舍的孩子变多了,因为他们真心觉得这件事自己想做,不再是"老师允许的事当中一件我觉得还算有趣的事"。孩子之间的互动也变多了,不再万事依赖老师的回答,而是会和同伴一起想方设法,如:"今天,去自然角浇花吧,反正外面没有人。""老师会说不安全的。""没事,我们不要摔跤就行了。"

作为教师,总想着"把所有爱献给孩子"。实际上,这样的爱却被限制,打了折扣。教师"越俎代庖",想要帮孩子规划物理空间,试图猜想孩子的心理空间,推动孩子的社会空间,但其实自己的过多干预却恰恰使自己成了掌控空间的人。教师与孩子相处的过程,也是共同成长、共同了解的过程,我们应当给予孩子更多的时间与空间,与孩子一起抛开所有的限制,利用空间资源,放开手脚去实践,期待着能"把所有空间献给孩子",孩子也能真正认可,说出一句衷心话:"我在幼儿园里,每天都玩得很开心。"

### 三、参与对话,让我们亲密靠近

周潘伟(2019)通过对幼儿园师幼关系与幼儿主动学习各维度进行相关分析发现,幼儿园教师的亲密型师幼关系与幼儿主动学习的五个维度——主动参与、主动发现、主动探索、主动交往、主动合作,都呈现出正相关关系。亲密型师幼关系对幼儿主动学习的影响力最大,师幼之间的亲密性越好,幼儿的主动学习水平就越高。

**案例一:帐篷里的午睡(徐莺)**

我变身为孩子的合作者,说道:"老师可以和你们一起实现今天去帐篷露营的愿望。如果你们做好了充足的准备,那么我们就能去帐篷里体验一次不同的午睡啦!"

"我想和好朋友睡在一起。""我们平时睡觉的地方太暗了,我想试试在帐篷里睡觉。"孩子们有了些许期待。

出发前,孩子们开始了准备工作。有的孩子主动贴好了防蚊贴,有的孩子涂了防晒霜,还有的孩子带上了平时放头绳和眼镜的小筐。准备妥当后,孩子们三三两两结伴,推着小车一起去卧室。

猷猷说:"被子太大了,拖在地上会被弄脏的,可以放在推车里。枕头很小,可以自己拿着。"于是,孩子们把被子放在推车里,枕头拿在手上。临出卧室时,然还特意提醒老师再带一瓶驱蚊水。

到了操场上,阳阳说:"大操场上有许多帐篷,但没有树荫可以遮挡阳光。在大操场露营,太晒了。"

"对的,我觉得后操场地方小,但是那里树荫多,感觉比较凉爽,适合露营。"

豪豪说。

"我也觉得后操场比较舒服,还有一阵阵的风吹过。"可乐补充道。

于是,我们一行人来到了后操场。有的给帐篷调整了位置,使得和好朋友能距离近一点;有的把帐篷的防蚊纱拉好,既通风又能防止蚊虫进入;有的铺上地垫,这样躺在帐篷里就不会感觉太硬了;有的把头绳、眼镜和鞋子放在帐篷外面,露营后就能很快找到了。

看到孩子们行动后的变化,再反观我们之前的午睡环境——相对固定的床铺和关上灯就漆黑一片的房间,和今天搭建的帐篷相比,确实有诸多不同。让孩子们在帐篷里午睡,来一个午睡空间和环境的改变,又何尝不是一种全新的体验呢?

当天露营结束后,孩子们边收拾自己的被子边问:"老师,下午我们还能来帐篷里玩吗?"

安安说:"我太喜欢在帐篷里午睡了,我们拉上了防蚊纱,一点都不用担心蚊子会进来了。"

"是呀,是呀,我还是第一次和好朋友睡在一起,真开心!"

"我本来以为睡在外面会有点热,但是我们在睡觉前把帐篷移到了通风的位置,睡在里面会有微风吹过。我觉得比睡在卧室里更舒服。"

"我和开心睡到一半,发现太阳照过来了。我们怕太阳照到眼睛,就换了一边继续睡觉。"

······

在帐篷里睡午觉的体验,对于成人来说也是充满期待的,更不用说对幼儿而言。在这样的空间重构下,幼儿在实践中能充分利用自己已有的经验,并迁移到现在幼儿园的露营派对中。此外,教师作为支持者,赋予幼儿自主权,孩子们更愿意积极地体验和感受,主动解决一系列问题。在这一过程中,他们的主动学习能力也在不知不觉中得到了发展。

**案例二:我想和风做朋友(顾倩文、潘淑颖)**

"风真好玩!好想和他们做朋友呀!"

"能不能把风留在我们小(3)班呢?"

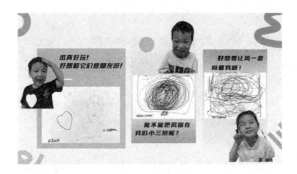

"好想要让风一直陪着我呀!"

看着孩子们的可视化记录,显然,制作"风"的活动也应该被考虑进去。该如何制作呢? 孩子们想留下怎样的风呢?

### 我想做软软的"风"

"我喜欢风轻轻吹在脸上的感觉,软软的,很舒服的。"嘉嘉说。

"那你们觉得教室里面有什么材料也能让人感觉软软的,很舒服的呢?"

"纸巾!""对! 纸巾擦在脸上很舒服。""但是纸巾不好看。""还容易坏。"

"我想到了! 我们可以用这个。"只见乐乐拿出了纱巾。

"哇! 这个好,顾老师。用这个制'风','风'就不会坏了。"

"对啊。这个还很漂亮。"

"材料有了,可怎么弄呀?"我追问。

"这里这里!"乐乐拿着纱巾来到了楼梯下方,"放在这里。"

在大家齐心协力下，"彩色风"完成啦。孩子们看着自己动手搭建的成品，开心地玩了起来。

**我想做好看的"风"**

"我觉得风和泡泡一样，高的地方有，低的地方也会有。"暖暖说。

"能不能做个泡泡风呀？"乐乐说。

"顾老师，有没有那种透明的，还要有大有小的、圆圆的纸头呀！"文文问。

"我妈妈给我吃的糖，外面的纸头好像是透明的，顾老师！"

"我知道！我也吃过！是那种亮晶晶的纸头，和泡泡一样的！"

孩子们的话语让我陷入沉思,这可不能等了,看来是时候化身"哆啦 A 梦"来支持孩子们又一次的主动思考、主动学习啦。

两天以后,孩子们心中的"泡泡风"悄然完工。孩子们走到教室门口,看到的时候都激动地拍起了小手,夸我好厉害,会变魔法呢。

"这个透明的纸头和泡泡一样,也是圆圆的,有大也有小!"

"它和泡泡一样诶,也会飘来飘去好漂亮呀!"

"顾老师,你看呀! 地上亮晶晶的,和泡泡一样。你看我踩住它。"

"这个泡泡风真好玩呀!"

孩子们提出创想、制作思路,由教师们实现的"泡泡风"完成。

在空间重构下进行的物理环境变化,不必大动干戈进行工程改造,也不需要投入大量的精力和资金。基于幼儿的出发点进行的变化才是幼儿所接受和喜爱的。空间重构的本质在于接纳幼儿、尊重幼儿、推动幼儿,使活动空间和学习环境能够随着幼儿的兴趣动态变化,即在幼儿主动参与下,通过家园合作的支持与推进,真正满足幼儿的兴趣和需求。

儿童友好幼儿园的建设创想

第五章

儿童是社会的重要部分,作为社会行动者的一员,他们虽不同于成人,但同样创造着有价值的社会文化。以往,我们常把幼儿园视作成人为儿童打造的"童年乐园"。一方面,成人缺乏儿童视角,忽视幼儿在空间中的能动性和对空间的反作用;另一方面,成人在对幼儿园空间的理解和建构中常常持有静态、孤立的教育环境观。因此,儿童在空间中的能动性和空间再生产能力往往被遮蔽。

　　如今,我国幼儿园教育改革正式跨入"质量时代"。现代化幼儿园的建设图景一定是与儿童共同描绘的高质量幼儿园蓝图。"儿童友好幼儿园"是高质量学前教育发展背景下办园模式的可能选择,其基本要素包括但不限于"安全健康、文化多元的园所环境""儿童中心、全纳平衡的课程教学""模范践行、促进变革的园长、教师""平等对话、互动互惠的家庭、幼儿园、社区共同体"等,这也是上海市实验幼儿园未来发展的追求。

# 第一节　未来的上海市实验幼儿园怎么建
## ——与儿童共同描绘蓝图

"儿童友好"寓意为儿童提供健康、舒适、受保护和关心的非歧视性社会环境。这既是保障和实现儿童基本权利的重要路径，也是空间建构目标。在建设儿童友好型空间的过程中，应当重视儿童的权利，包括儿童对空间的自主权和参与权。只有当儿童真正对空间"关心"，他们在其中的主体性才能得到充分发挥。

## 一、尊重儿童的权利

《儿童权利公约》中明确将儿童权利分为四大类：生存权、发展权、参与权、受保护权。在幼儿园阶段，儿童的权利包括：在活动前对活动安排的知情权、发言权；在活动过程中，开展活动的自主权、建构活动空间的权利、活动的参与权；在活动结束后，分享、表达经验和想法的权利等。

幼儿园是个特殊的场所，承担着保教幼儿的重任。正处于特殊成长阶段的幼儿，如同成长中的幼苗，他们的身心发展正处于不成熟向成熟、未成年向成年的过渡期。他们急需教育者在各方面提供特别的关心与爱护、引导和帮助。因此，幼儿园对幼儿权利的保护显得尤为重要。

### （一）尊重幼儿自主探索的权利

《上海市幼儿园办园质量评价指南》指出，理想中的保教环境与资源"鼓励幼儿根据自己的意愿探索及运用材料"。这体现了对幼儿自主探索权利的重视，也响应了儿童友好型空间建设的需求。《儿童友好，未来学校空间建设的文化符号》一文中也提出："了解孩子喜欢什么、需要什么，从儿童的视角去探索空间的建设，才能体现儿童的真实需求，实现儿童优先的教育理念。"

**案例一：我要造座瀑布（过艳华）**

儿童教育学家、心理学家孙瑞雪在《捕捉儿童敏感期》里写道："沙子和水是大自然赐予孩子最好的礼物，任何一种玩具都无法与之相媲美。"

三四月份，孩子们有很多外出踏青游览的经历。回到沙水游戏时，他们开始还原各种场景。孩子们专注于挖掘沟渠，形成了宽的、窄的、交叉的、分叉的各式沟渠。他们努力地将沙地挖成斜坡，使水流通过时能形成流动。他们把水道挖成旋涡形，希望水可以转得快。

小毛说："老师，这里沙子太浅了，我无法挖出一个瀑布来。"

我说："我已经看到有水流起来的样子了，你能再想想办法吗？"

小毛没有放弃，在沙池边堆起了一座很高的"山"，想要在"山"顶上造瀑布。可是水流一冲，形成的沙子"山"就倒了。

"老师，我造的山一被水冲就塌了。"

沙池不够深，确实无法满足孩子们进行更有挑战性的探索。沙池边虽有落差，但过于光滑，不利于孩子们的探索。瀑布游戏仍在继续，瑞瑞看到沙地旁有一面高墙，他顺着墙上的台阶爬上去。下面的涵涵递给他一根水管，他将水管放到最高处。下来后，他急忙去打开水龙头，水从高墙上流下，仿佛瀑布。

活动中，我一直在观察。活动后，我问瑞瑞："你害怕吗？"

瑞瑞说："我喜欢爬高。虽然有点害怕，但是水能从这么高的地方流下来，很好玩。"

幼儿的生活经验引发了他们沙水游戏的主题。在游戏过程中，教师创造机会鼓励并支持幼儿自由探索、运用材料。在真实的问题情境中，幼儿基于对沙池及其周围环境的观察，通过环境特点的整合，自主地推进了沙水瀑布游戏。空间的丰富性为幼儿自主探索的权利提供了支持。

### 案例二：哎，乱七八糟的背带雨裤（过艳华）

根据幼儿自己的发现，我们继续讨论：怎么样分辨背带雨裤的大小？幼儿提出了"观察背带雨裤和地面的距离"和"为背带雨裤制作标签"的想法。于是，孩子们尝试用浅绿色和深绿色的扭扭棒给背带雨裤标记大小，大号背带裤用深绿色，小号背带裤用浅绿色。原本有序的排列被打乱了。

有一次，我们下楼进行沙水游戏的时候发现背带雨裤乱糟糟的。孩子们纷纷表示选取到的背带雨裤不适合自己。最后发现是弟弟妹妹们来游戏的时候并不了解我们约定的规则，于是发生了这样的状况。那么，怎么样让我们一下子就能拿到适合自己的背带雨裤呢？孩子们想到：制作提示板，把我们的约定和弟弟妹妹们共享；尝试新方法，观察背带雨裤里的标签识别大小号，"L"是大号，"S"是小号。

孩子们在穿背带雨裤和想办法的过程中，找到了对便利更衣的需求。

沙水游戏与生活保育密不可分。共同建设保育生活区也是空间布局的一部分。在活动中，教师将做出选择、运用资源等权利交还给幼儿。幼儿使用后，会发现新问题。生活总是这样，解决了旧问题，又会出现新问题。在教师充分尊重幼儿自主探索权利的过程中，孩子们能够主动思考，探索解决办法，追求更美好的幼儿园生活。

### （二）尊重儿童自主表达的权利

《上海市幼儿园办园质量评价指南》提出教师应"创设各种机会，让幼儿根据自己的需要开展探索活动，并提供适宜的回应与支持"。这冲击着教师的课程观，推动教师思考课程的本质、幼儿的权利和教师的角色。幼儿能够自主开展活动吗？他们自己开展的活动能促进自身的学习与发展吗？当活动交给幼儿来开展时，教师的作用是什么呢？

### 案例一："我"的开心事（方思瑜）

幼儿园里有一对好朋友，每天都会花大量的时间一起玩耍聊天——他们的感情一定很好吧。

幼儿园的银杏树美得让人心醉神迷,每天都能观赏——那秋冬金黄、春夏浓绿的树影,会一直留在回忆里吧。

幼儿园的教室书架有满满的书,每天都有时间阅读的话——那些有趣的情节与画面,一定会在夜里落入梦境吧。

......

人们的想象与童年记忆里,幼儿园总是呈现出一种无限柔软的面貌,包容着所有稚嫩时期的奇思妙想。于是,在2022年末举行的幼儿园70周年庆典活动中,我很自然地问孩子们:"你们在幼儿园里最开心的事是什么呀?"当时,我自己的脑海里便一下子闪过上述的无数个片段,并满心以为孩子们会给我以相似的回答。

然而,即使是最大胆的孩子,在面对这个问题时也会犹豫。有孩子说:"我最喜欢在幼儿园里吃午饭。"这下可好! 一整排的孩子都只说:"我最开心的就是吃到幼儿园好吃的早上饼干/午饭/下午点心啦!"

26个孩子所组成的班级本该有许多不重样的回答,实际结果却是26个雷同的想法:不是吃饭,就是和运动、做游戏、上课学本领相关,仿佛孩子们没经过学前教育培训,就已经"无师自通"地掌握了我们背得滚瓜烂熟的"四大板块"分类。

教师预想中的美好儿童空间与孩子们实际感受到的空间之间一定存在落差。此时,教师需要思考的或许并不是如何支持孩子达到更高的台阶,而是要摒弃原来完全由教师构建空间、实施活动的习惯,将开展活动的权利交还给儿童。

### 案例二:把空间彻底交给孩子的一个下午(方思瑜)

健康月"露营派对"上,孩子们顶着烈日"疯玩"了一上午。草坪上的无拘无束,让他们浑然忘记了自己还在幼儿园——一个讲规矩的地方。

下午起床后,我试着不对孩子做任何要求,放任他们做事。有的快速吃完点心、有的拖拖拉拉吃好。我说:"今天,教室和走廊让你们'自由行',想干什么干什么。只有一点要做到,就是注意安全。"

孩子们诧异于我的"大方",最初还有些拘束,但很快,"自由的快乐"便充满了整个班级。安静的孩子坐在一起看书,喜欢玩游戏的孩子拿出冒险棋开始呼朋唤友,有的孩子在长廊上,有的在银杏树边……

还有的孩子来问我:"老师,我可以做什么呢?"

"想做什么就去做。"我说。

"我没什么想做的。"她搬了把小椅子坐下后,一个人玩起手指并发呆到了放学。

孩子们在教室自由穿行,做了许多平时被紧凑的时间表和教师的要求限制住的事。自主活动的权利在他们身上重新"觉醒",这些权利不仅限于自己决定活动如何开展,还包括选择什么样的活动、在哪里活动等。在行使权力的过程中,幼儿获得的心理空间安全感,也将为他们开展更精彩的活动奠定良好的基础。

## 二、构想未来学习空间

有学者指出:"基于儿童友好理念的幼儿园空间构建,需要改变静态的环境观。将幼儿园视为动态、交互、包容的多义空间,关注幼儿的空间需求和体验,将幼儿视为有能力的共建者,支持幼儿参与幼儿园空间的共建,并推动幼儿园与社区、城市公共空间的有效联结。"

未来的活动空间应如何具备儿童友好的特征呢? 联合国儿童基金会和我国教育部合作的"爱生学校"项目,从四个角度提出了"中国爱生学校标准",包括全纳和平等、有效的教与学、安全健康和有保护、参与与和谐。儿童是主动的学习者。儿童友好幼儿园的空间建设不仅要从内部打破思维定式,构建有生命的、不断生长的、没有过多限制的未来空间,更要拥抱社区、拥抱城市,将幼儿园打造成适合每个儿童的学习生态系统,支持幼儿教育的各种"可能性"和"不确定性"。

### (一) 从田野活动开始,建立生态化的连接

田野活动强调多方共同参与,旨在让幼儿在幼儿园内外的真实生活场景中,通过现场感知、情境操作和互动交流,开展探究性实践活动,在学习和体验中注重自然、社会、人文氛围的熏陶。田野活动本身就具备打破围墙、开放联通、多方协同等特征。如今,从田野活动出发,我们与社区已形成了积极联动、协同共育的良

好连接，但这种连接在未来将不再是家园社协同共育的唯一途径。

1. 和家连接的幼儿园

幼儿园需要打破界限，尤其是制度的“围墙”。和家庭相比，幼儿园作为社会教育的场所，具备着较强的制度化特征。正如前文所述，当幼儿的活动不再被教师“安排”时，幼儿的表现“难以置信”；又如在当下的保教实践中可能会出现的，根据幼儿园的活动安排表，让某班的幼儿开展走、跑、跳相关的活动，活动范围被这样的制度固定在了指定区域。对于社会性水平正处于发展中的幼儿来说，如果幼儿园的环境能够像家一样，那么无论是物理环境、社会环境还是心理环境，都能更好地满足儿童的需求。

**案例：幼儿园是我家（吴怡）**

不仅走廊里有楼梯，我们的教室里面也有楼梯。孩子们对楼梯表现出了浓厚的兴趣。

墨墨说：“教室里的楼梯和外面的都不一样，和我家里的楼梯很像，下面有一个小房间。”

婷婷说：“是的，这个小房间好小，好可爱啊。”

孩子们围在一起，讨论着这个“小小的房间”。“小小的房间，可以做什么呢？”孩子们投票一致决定把这个小小的空间作为新家布置区，并命名为“幼儿园是我家”，同时为新家的装修出谋划策。

星宝说：“我家有五角星窗帘，我想这里也有五角星窗帘。”

萱萱说：“我家里有照片墙，我想我们小小的家里也应该有一个。”

小七说：“我喜欢五颜六色的墙壁，不喜欢白白的。”

金宝宝说：“我家有柔软的沙发，我想我们教室也有。”

可可说：“我家有一块垫子，里面有许多我的玩具，这里是我玩的地方，我想幼儿园也有。”

收集了宝贝们的心愿清单，我准备好所有的材料，鼓励他们一同参与“新家”的布置。有的孩子负责铺垫子、放沙发，有的孩子把收集来的照片贴到墙壁上，并贴上了小班最喜爱的情绪点点贴，还有的孩子两两合作裁剪、悬挂窗帘。孩子们还把自己家里各种各样的玩具带到这个“新家”里面……

“新家”布置好了，午餐后的自由活动实践里，这里成了孩子们最喜欢的地方。午后的阳光透过五角星窗帘照进这个小小的"家",柔软的垫子上映出了五角星的图案,阳光照亮了"家"的每一个角落。五颜六色的点点贴仿佛在闪光,沙发上散发着被阳光晒过的香气。孩子们在这个小角落里玩耍着,并窃窃私语,分享他们的小秘密。

幼儿园是孩子的另外一个家,这里有着亲爱的妈妈老师,有着可爱的朋友们。在这里,孩子同样被爱包围着,享受着小小的家带来的大大的温暖。

幼儿园需要为幼儿提供更多自定义的空间,模糊教育专用空间的界限,尝试让独立、割裂的教育空间更加整合、贴近真实生活并建立生态化的连接。

2. 和社区连接的幼儿园

《关于推进儿童友好城市建设的指导意见》中指出:坚持儿童优先发展,从儿童视角出发,以儿童需求为导向,以儿童更好成长为目标,拓展儿童成长空间,让儿童友好成为全社会的共同理念、行动、责任和事业,让广大儿童成长为德智体美劳全面发展的社会主义建设者和接班人。

建设儿童友好型空间既需要顶层设计,也需要多方面的协同努力。如社会对儿童友好理念的树立和宣传、儿童友好制度的建立和健全、儿童服务体系的构建与完善、儿童权利的保护与保障等。我园在"两室一厅"中设立的"宝宝议事厅"就是在充分尊重儿童的基础上,把活动的参与权、决定权等还给儿童。

**案例:"70岁"的大桌子(过艳华)**

小方桌是幼儿园教室中最常见的一种设施,但通常都是由老师来安排孩子们如何使用。有一天,孩子们向老师提出:"我们也可以自己摆放小桌子呀!"

于是,老师陪着孩子们开始了尝试。每天值日生们先在乐高底板上设计,然后在教室中摆放。每一个孩子用自己的乐高小人选好座位,形成定点用餐的机制。"小方桌,我做主"成了我班持续讨论的一项班本化活动。

前一段时间,幼儿园正在进行"园庆70周岁"的系列活动。"小方桌"遇上校园里的大事件会如何呢?

值日生们和往常一样讨论:今天的小桌子们可以怎么放?

萱萱提议:"今天我们来拼一个'70'怎么样?"

阿伦说:"正好为我们的幼儿园庆祝70岁。"

值日生们纷纷同意。然然说:"那70怎么拼呢?"萱萱用小桌子的模型摆弄起来，大家也在一起讨论。等待了一会儿，大家拼出了一个这样的"70"。

不一会儿，一一发现了问题："反了反了，这个'70'反了。"其他小伙伴们也发现了问题，开始跟着调整起来。

当他们调整完毕，我说："今天的创意很新鲜哦，是萱萱的创意、一一的发现，然后大家一起帮忙的结果。"

"70岁大桌子"设计完成，孩子们一起进行了摆放。有的孩子说："老师，快给我们拍张照吧！这是我们自己想出来的为幼儿园庆生的方式。"孩子们的童心让班本化活动与爱连接。坐在"70"的大桌子边，孩子们感到特别满足与高兴。

我们期望，幼儿不仅是生活在家庭和幼儿园中的自主个体，而且不论当下或未来，他们也必将是社区生活和社会生活中的自主个体。在社区中，幼儿可以找到同家庭和幼儿园一样的熟悉感、安全感和舒适感。基于这一前提，他们才更能够自由地探索、思考、表达并作出改变。

我们期望，未来的幼儿不仅在幼儿园的"宝宝议事厅"中能够得到尊重并自主地表达，能够被接纳并作出改变，而且能作为社会小公民参与社区生活。他们应能够自主地发现问题、提出问题，并像在"议事厅"中一样，与同伴、成人进行民主讨论，合理运用资源，参与幼儿园、社区乃至城市公共空间的管理。如同每一位成人一样，他们都应是开放的、自主的，能够被听见、被看见、被认可。

### （二）让"每一位"都参与，激活幼儿成长力量

幼儿活动空间的主人是谁呢？这个问题的答案是打造未来家园的起点。主人是幼儿、教师、幼儿园其他工作人员、园长和家长，是生活在这个空间中，或与空间发生着千丝万缕关系的"每一位"。那么，未来家园的打造就需要鼓励

"每一位"参与其中,需要给"每一位"带来心理空间上的舒适、社会空间上的和谐与物理空间上的整合。

### 案例:健康家园畅想(姚丽)

新的一周开始了。我们坐在温暖的教室里,沐浴阳光,感受自然的馈赠。一切都显得如此美好。我们和孩子围坐在一起,讨论着"如果有一个新的健康家园,我们该如何使生活变得更加美好"的话题。孩子们的想法充满创意,让人惊叹。在赞叹孩子们的天赋之余,我们对未来的学校充满了期待。我们憧憬着未来空间的无限可能,并希望教育能够回归其本质,让幼儿在这些空间中享有优先的发展权利和长远的发展机会。

孩子们认为,健康生活的地方就是家。在我们的家里,我们可以做所有喜欢的事情;我们的家里有我们喜欢的玩具;我们的家里有软软的抱枕,包容着所有的情绪;我们家里的家具可以随意移动,摆出各种场景。在家里,我们感到自信、自在、自由和舒适。

孩子们的想法:

1. 如果健康家园是一座房子,我们要给房子预留出更多的活动空间

悦悦说:"我的爸爸是设计师,他在画图纸时说,家里不能装满,要有白白的地方(留白),填满了心里会不舒服,有白的地方小朋友就可以跑起来。"

尧尧说:"我家里有一大块白色的贴纸,可以画画,想画新的就可以擦掉。"

2. 如果健康家园变成花草园,我们要为花草园注入更多的生机

琳琳说:"我特别喜欢种植园地的小动物,可爱的小兔吃着胡萝卜,小乌龟在池塘里爬来爬去,小鱼躲在荷花下乘凉,好可爱呀。"

嘉嘉说:"我也喜欢种植园地,春天有草莓,秋天有橘子,冬天有枣子,至于夏天嘛,紫藤长廊里有好多的葡萄,一年四季都有我喜欢的水果。"

3. 如果健康家园成为魔法学校,我们要把魔法学校生活变成一场奇特之旅

小马说:"我希望未来的幼儿园有一座水房,水可以流到健康家园需要的每一处。打开水龙头,就可以直接喝到像山泉一样甜的水。"

琪琪说:"我最喜欢做实验啦。我想在小菜地里做实验,我想种出白色的草莓,然后送给大厨,做成草莓果酱面包,在下午当作点心送给所有小朋友。"

我们计划给未来的健康家园画设计图(包含以上小伙伴的想法),如收集饲

养小动物的方法,制作种植园各类果树的照料小贴士,思考建造水房需要哪些材料。

孩子们在尝试的过程中发现,任何设想都离不开水,水是万物之源。因此,他们决定在设计图上首先建造水房,并配备相应的管道系统。接着,他们计划建造房子作为教室,并因为有小朋友希望将实验活动搬到种植园进行,所以决定将种植园建在教室旁边。这样,一个小小的种植中心就诞生了。

设计好初稿后,孩子们开始细化他们的想法。比如水房需要能够让所有人直接饮用干净的水,教室空间要大(保留空白区域),应允许画画,设有池塘,并且四季都有果树,还需要能够进行科学实验。设计图逐渐充实起来。孩子们提出,从教室通向种植园的通道上不能放置任何物品,以确保安全。果树应种植在道路旁边,这样夏天可以在树荫下乘凉,冬天能欣赏雪景。池塘里最好安装一个地漏,可以直接排走脏水,保证小动物游泳时水质的清洁。科学实验区需要有一张桌子用于摆放实验器材,并且应有一个衣架挂实验服,这样不仅可以避免弄脏衣物,还显得十分专业。

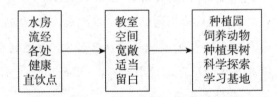

孩子们的畅想似乎不着边际,却又有迹可循。在探讨的过程中,我由衷地发现孩子对自然充满热爱。他们喜欢户外的生活,喜欢花鸟虫草,欣赏四季变化,在孩子眼中,健康家园的环境应该是生动活泼的。在孩子心中,每一处都应该留下家人共同生活的足迹。他们愿意主动尝试各种可能,他们更期待拥有更多游戏的空间。

爸爸妈妈可以和孩子们一起做的事……

兔子、乌龟和小金鱼该怎么饲养?果树每天要浇几次水才合适?孩子们带着关于动植物的问题回到家中,与爸爸妈妈们一起查找资料,记录小动物们的生活习性。在记录的过程中,孩子会用自己看得清楚、大家看得明白的方式,通过简单的文字和图画进行表达。有的孩子有饲养乌龟的经验,他们会详细地表述适合乌龟的生存环境、食物以及清洁方式。有的孩子去过动物园喂养兔子,有的孩子知道兔子会吃胡萝卜也会吃草,有些特别品种的兔子需要定期除臭和美毛。至于果树的浇灌,孩子们发现不同品种的果树施肥、浇水的时机各不相同,需要专业的园丁为果树的自然生长保驾护航。

老师和孩子们共同尝试……

在探讨做水房的材料时,孩子们和老师一起讨论发现,建造水房是一项大工程,需要专业知识和技能,比如如何将水管正确引导到种植区的各个部分,并安装水龙头。最终,他们决定请专业的工程团队来建造水房。此外,孩子们观看了草莓种植视频,了解到种植草莓需要控制温度的暖棚和一块土地。种子应在秋末播种,定期施肥和除虫,次年便能收获白色草莓。有了水房和土地,孩子们开始重新思考种植园的命名,认为应与原有的"种植园"区别开来。考虑到还要在田地里进行实验,他们建议将其命名为"田园实验基地"。

孩子们的心愿驱动着我们共同努力。我们不仅要创造美好,还要学会等待美好自然的显现。孩子们的探索过程正是我们所期待的未来学校的景象:

在这样的空间里,幼儿园是家园。一切从儿童视角出发,满足幼儿的真实需求。在这样的空间里,幼儿总能轻松找到适合自己成长的环境,自主地安排学习的内容和方式。在这样的空间里,幼儿能与他人(同伴和成人)、环境紧密连接,积累交往经验,更好地适应未来。

过去,我们用成人的视角搭建环境,却忽略了幼儿真正的需要;我们用成人的思维定义幼儿,却忽略了幼儿才是环境真正的主人。我们想要激活幼儿内驱力,支持幼儿创设自然有趣的活力场景,在过程中释放儿童的天性。

健康家园的未来空间,是实现健康理念、幼儿社交的关键实施环境。幼儿置身其中,使得环境空间的动态持续更新,创造更丰富的教育价值,让幼儿在与空间互动中获得更长远的发展。我们相信当教育回归本真,让教师为未来而教,幼儿为未来而学,方能勾勒出对幼儿园追求卓越的蓝图,实现走向现代化的愿景。

# 第二节　未来的课程如何做
## ——鼓励儿童行使自己的权利

"儿童的世界,是儿童自己去探讨,去发现的。他自己所求来的知识,才是真知识。他自己所发现的世界,才是他的真世界。"

布鲁纳认为,儿童通过自主建构来学习新知识,可提高学习的灵活性,并促进知识记忆的持久性。幼儿以原来的认知水平为基础,通过自己的智力活动发现、探究和解决问题,建构对新知识的理解,并对原有的认知结构做出调整和改造,从而促进自身的学习与发展。在未来的课程之中,幼儿是有权利的参与者。

## 一、现代文化渗透,为课程改革蓄势

近几年,随着一系列政策的颁布,现代化幼儿园的新时代教育模式越来越受到人们的关注。先进的信息技术和智慧管理系统的完美结合,在教育数字化对现有教育的改造中展现了对未来教育的想象。对于一线教师来说,提升自身的数字化技术素养已成为教学的关键。

### (一) 互联网＋教育,以信息平台拓展课程空间

2021年,教育部提出加快发展"互联网＋教育",通过统筹推进教育信息化工作,整合和优化教育信息化资源配置,协同创新教育信息化体制机制,完善国家数字教育资源公共服务体系,促进优质资源开放共享,促进信息技术与教育教学深度融合,以教育信息化支撑引领教育现代化。

"互联网＋教育"对幼儿园课程来说意味着什么? 会带来哪些变化?"互联网＋教育"不仅是简单的"1＋1＝2",也不是简单的、孤立的学习工具的变化,其必然引发教育的变革,不仅包括课程观念,也包括学习方式等。

教师1:信息化时代,我们需要充分利用好互联网,在教育过程中使用信息技术的机会越来越多了,我们也可以通过网络建立家园沟通的平台。

教师2：我认为这是一场教育的变革。首先是教育思维及模式的改变，其次是教学工具的改变，比如软件的开发使用、学习过程的云端记录等。

家长也感受到了"互联网＋教育"的影响，认为它为幼儿拓展了活动空间和资源，为幼儿课程构建出了生长空间。

家长1：我认为这体现了教育数字化转型背景下的教育变革方向。

家长2：互联网与数字化加快了儿童在学龄前对当今科技智能教育水平的了解，并让儿童从中获得愉快的情绪感知，增强了书本以外的体验感和对未知领域的探索。儿童可以通过智能平台获取多样化的学习与健康发展机会。

### （二）信息化教学，以多样工具创新课程实施

信息化教学是"互联网＋教育"的一种外显的实施手段，它承载着观念的转向，着眼于"以幼儿中心"，通过数字化等现代化技术赋能，实现课程设计、实施、评价等的迭代升级。教师应对保教实施的全过程进行全面、系统的思考。

在幼儿园中如何连接信息化教学？它如何影响课程？对课程产生了哪些影响？孩子们认为信息化教学需要借助信息化设备得以实现。

幼儿1：游戏后，老师会用投影播放游戏的视频。

幼儿2：老师会打开电脑，在网上搜索、播放图片、视频。

幼儿3：吃午饭时，老师会给我们播放喜欢的歌。

家长认为，信息化教学是一种手段，它通过数字化、网格化特点整体提升教育管理、保障和服务质量，为家园合作打通沟通渠道，实现协同共育。

家长1：我觉得利用现代信息技术手段，实现幼儿教育的数字化和网络化，可以提高幼儿的创造力和表达能力，畅通家校互动渠道，提高幼儿教育的质量和效率，为幼儿的成长和发展提供更多的支持。

家长2：我认为在教学中应用信息技术手段，可以使教学所有环节数字化，从而提高教学质量和效率。以孩子为中心，能更注重情景内容、学习环境、相互协作等，而且可以利用各种信息资源来支持学习。

教师以审慎的态度看待信息化教学。他们将信息化教学作为专业发展中有待解决的教育问题，期待能有效利用信息化教学促进幼儿的发展。

教师1：将信息化教学引入幼儿园是一把双刃剑。一方面，利用信息技术，

尤其是最新的网络资源开发的教学课程，内容无疑会更加生动、多彩且丰富，也更符合时代潮流。对于当前年龄段的孩子们而言，鲜艳的色彩、画面和动画能够激发他们浓厚的兴趣，从而达到较好的教学效果。另一方面，过度依赖数字资源可能会让孩子对这种教学方式形成依赖，导致他们只对含有动画和丰富色彩的知识感兴趣。此外，数字资源中也存在大量碎片化的信息，这可能会对孩子们当前注意力集中的培养产生不利影响。从个人角度来看，信息化教学的好处仍然大于弊端。作为一种教学工具和方法，它极大地丰富了课堂内容，提升了教学质量。

教师2：信息化教学就是在教学活动中运用信息化的形式，比如视频、照片、音频等。

### （三）数字化共育体系，以技术手段构建和谐关系

数字化转型是通过技术手段的支持，创建一个数字化的家庭、幼儿园、社区协同共育体系，构建三方的和谐关系，从而为幼儿提供新的发展动能。

那么，数字化共育体系是什么样的？它能对幼儿园、家庭、社区协同共育产生什么影响？我们的孩子们认为，这个无形的体系可以通过有形的手机和可见的数据来呈现，最终能促进自己更好地成长。

幼儿：爸爸、妈妈、老师能通过手机数据了解我的情况，可以一起帮助我成长。

家长的家庭教育观念已经发生了转变，他们认为自己是幼儿教育的重要参与者，优质的数字化共育体系应具有打破空间局限的、直观的、精准的、共同参与的特征。

家长1：教师是家园共育数字化的组织者、指导者。家长是家园共育数字化的重要协同力量。孩子是家园共育数字化的参与者、受益者，是家园共育的核心目标。

家长2：我的理解是，要借助数字化手段，建立幼儿园和家庭共同培养幼儿的一套体系化的做法，如线上教育讲座、线上家长会、线上一对一家访等。

家长3：数字化让家庭和幼儿园共同参与幼儿教育，使整个过程更加直观。

家长4：数字化共育体系让我们和老师的沟通更直观和顺畅，也能更加精准。

家长 5：网络、AR 等技术工具能让幼儿园教育和家庭教育更好地统一和协调起来，从而让幼儿随时随地学习，而不必拘泥于环境。比如家长可以通过网络及时了解孩子在幼儿园的学习内容以及学习效果；孩子在家也可以通过网络，进行复习或者练习。

教师认为数字化共育体系能够有效解决家园协同共育的难点，提升家园协同共育的质量和效率。

教师 1：数字化共育体系是当代幼儿教育的一种重要模式。利用数字技术，可以实现幼儿园与家庭之间的紧密联系和合作，促进幼儿的全面发展和家庭教育的深入开展。在实施数字化家园共育时，可以采取建设信息化平台、加强家校合作、提供丰富的学习资源等措施以及培训、评估等手段，不断改进和提升效果。

教师 2：这是一种家园共育的新体系，即依托数字化工具，寻找家园合作的新方式、新渠道，以提高家园共育的效率和质量。

## 二、儿童文化融导，促课程提质焕新

### （一）相信儿童，深思"健康"，落实儿童的课程权利

秉持"尊重健康权力、欢享健康生活、奠基健康人格"的课程理念，上海市实验幼儿园一直关注在大健康视域下每一个幼儿学习、探索、体验、表达的发展权，并提升每一位幼儿自主参与、积极管理、创造健康生活的权利。我们将儿童友好理念融入幼儿园发展规划与管理，在大健康视域下重构幼儿活动空间，并在日常教育实践中落实儿童的课程权利。

**活动实录：开启智慧空间，玩转运动空间（刘佳玮）**

冬日的早晨，孩子们来到操场上运动，迎面吹来一阵风。"好大的风呀！""树叶都飘起来了。""地上全是树叶。"孩子们你一言我一语地讲述着自己的发现。

小宇："运动的时候，我被风吹得站不住了。"

慕子："风太大了，我发抖了。"

娜娜："风吹在脸上，我流鼻涕了。"

诚诚："我的球被风吹走了。"

……

倾听孩子们的真实感受,在"玩"与"不玩"的两难情境中,大家展开了激烈的讨论。通过画语记录、录音、动态视频、投票评选、议事厅等可视化记录形式,最终哲哲提出的想法得到了同伴们的一致认同。他建议将垫子竖起来挡风,这样小朋友们可以躲在垫子后面运动,不受寒风干扰。

达成共识之后,孩子们齐心协力,不断调整垫子的数量和方位。最终,在一层层垫子的包围中,他们有的躲在垫子后面,有的钻进垫子里,有的夹在垫子中,玩得不亦乐乎。

我问:"你们在干什么呀?"

娜娜说:"我们在玩捉迷藏。"

小宇说:"我们在和大风玩捉迷藏。"

孩子们爽朗的笑声在寒风中回荡。此刻,他们是胜利者,他们用自信和坚持换来了成功。

儿童有能力,也有权利发表看法、提出意见,还有权参与幼儿园等影响其学习与发展的环境创设中。成人和儿童共同创设有利于儿童成长的环境。由此,我们开展了一场名为"你眼中的幼儿园"的综合调研,由 33 个班级共同参与。我们组织了幼儿、教师、家长参与多种形式的对话,借助幼儿的画作、宝宝议事厅、摄影、幼儿园之旅等记录方式"倾听"儿童的想法,赋予他们充分的表达、选择、决策和评价权利。

### (二)重构空间,共建"关系",支持儿童主动学习

课程教学是一个平衡的连续体。在凸显儿童中心地位的同时,我们绝不可因此弱化甚至忽视教师的作用,而应在儿童主动学习和教师适宜指导之间追求一种动态平衡。

马斯特森将儿童中心教学视为由儿童的发现式学习、儿童主导的学习、师幼共享学习、教师引导的学习和教师主导的学习构成的教学策略连续体。这一连续体中的五种教学策略分别代表了不同水平的儿童主导和教师支持的组合。

有的儿童主导水平更高,有的教师支持的权重更大。

### 活动实录:好邻居,在一起(刘晓琳)

生活中,我们班的"小笼包"和中(2)班的豆豆住在同一小区同一幢楼,是一对好邻居。在幼儿园里,两个班级在同一楼层的同一位置,也是一对好"邻居"。

有一天室内运动时,豆豆在我们教室门口探出了脑袋,原来她趁着盥洗的间隙来跟"小笼包"打招呼。只听豆豆和她的朋友们议论着:"中(1)班有两间教室,地方好大啊,我们好想去玩啊!"作为教师,我们倾听孩子的心声,追随孩子的脚步,应当适时、适宜地提供支持,满足孩子对心理空间重构的需求。

经过一番讨论,孩子们将自己想玩或玩过的室内运动项目记录了下来并作了简单介绍。大家一起找来了大小不同的垫子、各种纸盒、沙包、软球、拉力绳、对战背心等,放在两个教室的中间位置。

共同设计运动区域,共同决定活动内容,好"邻居"心目中的"运动中心"终于要开放啦!桌子、椅子和垫子变成了"秘密山洞",既可以爬高还能钻洞,不仅好玩而且充满挑战。把垫子拼起来,加上软球,就能跟好"邻居"们一起玩"我是大力士"和"球球大作战"的游戏啦!在师幼共建的行动中,自主设计、协商共议的室内"运动中心"初见雏形,基于幼儿视角的空间重构也在生发。

几天的室内运动后,孩子们开启了小组会议。

皓皓:"我在卡通角玩的时候,每个地方都有一个提示牌。"

沐沐:"我也看到过,我们在教室里玩的时候也可以自己画一个。"

哈哈:"还可以拍张怎么玩的照片,告诉好'邻居'。"

瑶瑶:"在室内运动的时候,我们也要注意安全,人多的时候不能推来推去。"

筱忻:"我同意,我们要把这个约定也告诉好'邻居'。"

孩子们还发现,两个班级之外的公共区域有不少的活动空间。于是,他们搬来了帐篷、沙发、桌子和椅子。当运动感到累时,孩子们就能在这里擦汗、喝水、休息,还能和好"邻居"聊聊天。在室内运动中,要通过物理空间、社会空间和心理空间的交织重构,聆听孩子们的各种想法,支持孩子们的真实体验。在每一次分享与记录中,孩子们收获了快乐的运动旅程。

课程当中有两对很重要的关系:环境与内容、过程与评价。教师是"关系"的联结者。"好的课程"恰是基于"良好的关系"之上,进而满足多种学习需求,能够促进不同主体之间的交流与互动,能够让活动面对每一个幼儿时变得更加个性化。由此,在重构与共建的过程中,应体现出以幼儿发展为优先的理念。

### (三) 反思课程,凝练"品牌",激发教师课程领导力

空间重构指向育人,其实质在于反思课程并凝练课程品牌。健康课程构成了大系统的整体大设计,而活动空间重构是中设计,内容是小设计。师幼共建是路径,也是策略和方法。

空间重构引发了一日生活流程的再造。教师需要明确整体活动空间的布局以及不同活动空间之间的逻辑关系和连续体转衔方式,关注幼儿活动空间中的多重互动,分析幼儿在活动空间中的行为,在反思性实践过程中提升课程领导力。

首先基于儿童,继而发展儿童,更要连接儿童的未来。探究传统活动空间与"面向未来"的活动空间的差别,审视空间转换对幼儿学习与发展的意义,明确活动空间对幼儿经验生长的支持。我们将幼儿置于幼儿园办园质量评价的中心,把幼儿权利作为质量提升的关键,并以多因素整体改进作为质量干预路径。让幼儿园教育回归教育的本体价值,最终指向幼儿权利的全面实现。

教师1:参与空间重构的实践后,我不断追问自己:目前"幼儿学习方式"有什么问题?之后"幼儿学习方式"要达到什么状态?探索以幼儿发展为优先的实践时,如何让每个孩子成为课程全过程的主人?

教师2:我逐渐意识到,健康知识不仅仅局限于某一次活动,应该给予幼儿时间和空间,让他们在一系列实践共享中习得,这样更能引发他们积极投身其中。

# 第三节　未来的上海市实验幼儿园是什么
## ——我们共栖的文化家园

七十余载时光流转,上海市实验幼儿园里的一砖一瓦、一草一木,带着成长的痕迹见证了岁月的更迭。在这片充满爱与关怀的精神园地中,我们与孩子的故事花开不败,源远流长。在"每一位"的眼中,未来幼儿园是什么样的呢?

## 一、我心中向往的幼儿园

每个孩子心中都有一所向往的幼儿园。上海市实验幼儿园的"每一位"都参与了对未来幼儿园的畅想。

### (一) 梦想创造"家"

**班级畅想:2023 届杏山园大班(周斐)**

1. 孩子们的希望

当在毕业典礼上得知我们"家"开设新园之后,孩子们对"新家"充满着期待,也纷纷提出愿意为"新家"出谋划策,为弟弟妹妹们创设更有趣、更丰富、更快乐的健康家园。

(1) 开阔且亲自然的户外场地

在 22 个孩子们的想象画中,16 个孩子提到了对开阔户外场地的向往。可见,当孩子们尝过了户外活动的"甜头"后,也感受到了户外场地对他们身心健康所带来的积极影响。开阔的、明朗的、宽敞的活动区域,能让孩子们舒展身体、放松身心、释放天性。

有 6 个孩子提及了大树、草地、太阳、小动物、沙、水等自然元素。不难看出,孩子们对自然界各类事物的探索兴趣浓厚,且有主动探索的意愿。

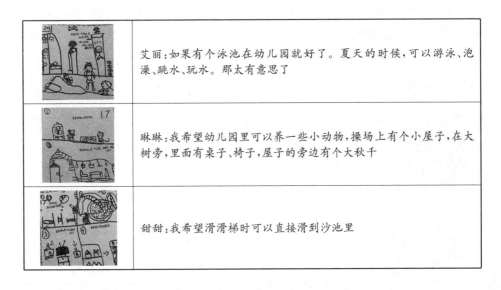

| | |
|---|---|
| | 艾丽:如果有个泳池在幼儿园就好了。夏天的时候,可以游泳、泡澡、跳水、玩水。那太有意思了 |
| | 琳琳:我希望幼儿园里可以养一些小动物,操场上有个小屋子,在大树旁,里面有桌子、椅子,屋子的旁边有个大秋千 |
| | 甜甜:我希望滑滑梯时可以直接滑到沙池里 |

（2）独特且温馨的室内场地

在室内场地的创想征集中,我收集到了许多热门词汇,如阁楼、复式、院子、小屋子等。孩子们显然已经不满足"一室户"的房型。他们渴望在教室中能体验到不一样的场地。而且这个场地不是平平的,是可以跨出去、走上去、钻进去的。

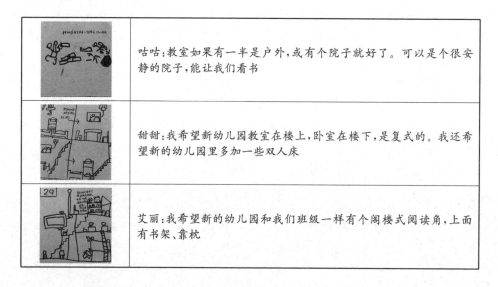

| | |
|---|---|
| | 咕咕:教室如果有一半是户外,或有个院子就好了。可以是个很安静的院子,能让我们看书 |
| | 甜甜:我希望新幼儿园教室在楼上,卧室在楼下,是复式的。我还希望新的幼儿园里多加一些双人床 |
| | 艾丽:我希望新的幼儿园和我们班级一样有个阁楼式阅读角,上面有书架、靠枕 |

（3）充满童趣和美的小细节

在幼儿园的整体环境创设中,一些富有童趣的小细节是必不可少的。从孩子们的画作中,我看到了许多有趣的想法,如公交车形状的房子、双层树屋、彩色玻璃屋顶、卡通形状的门洞、彩色地板、长廊下的彩灯、可供彩绘的围栏以及随处可见且充满花香的小花园等。可见,孩子们希望在新园所中,随处可以遇见"美",包括光影的美、彩色的美、自然的美、原生的美、创造的美、可变的美。

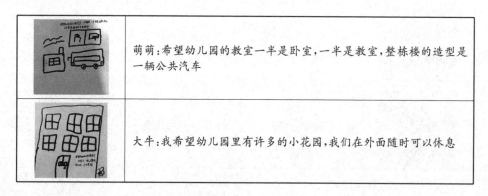

| | |
|---|---|
| | 萌萌:希望幼儿园的教室一半是卧室,一半是教室,整栋楼的造型是一辆公共汽车 |
| | 大牛:我希望幼儿园里有许多的小花园,我们在外面随时可以休息 |

（续表）

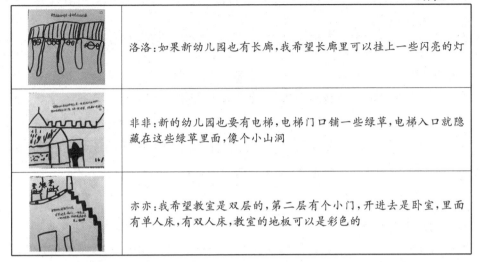

| | |
|---|---|
| | 洛洛：如果新幼儿园也有长廊，我希望长廊里可以挂上一些闪亮的灯 |
| | 非非：新的幼儿园也要有电梯，电梯门口铺一些绿草，电梯入口就隐藏在这些绿草里面，像个小山洞 |
| | 亦亦：我希望教室是双层的，第二层有个小门，开进去是卧室，里面有单人床，有双人床，教室的地板可以是彩色的 |

（4）丰富且可选择的材料、家具

家具和材料也受到了孩子们的广泛关注。在家具方面，孩子们期望有所创新，特别是在床铺和橱柜的设计上。他们希望床铺既有上下铺的设计，也有单人床的选择。至于橱柜，除了在教室内设置外，孩子们建议在户外也放置橱柜，以便存放毛巾等物品。孩子们更倾向于一个活泼、生动的环境，而不是单一、固定的设计。在材料方面，孩子们则表示无论室内还是室外，都应增加更多的材料和玩具，甚至可以室内外共同使用、交互存在。

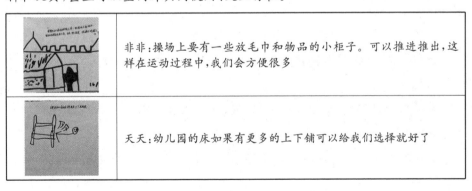

| | |
|---|---|
| | 非非：操场上要有一些放毛巾和物品的小柜子。可以推进推出，这样在运动过程中，我们会方便很多 |
| | 天天：幼儿园的床如果有更多的上下铺可以给我们选择就好了 |

2. 家长们的期望

在此次关于"新园舍建设"的意见征集中，家长们从孩子们喜爱的角度、办园品质升级的考虑等方面分享了自己的想法。通过梳理众多家长们的反馈意见,我们大致总结出了以下几个家长们较为关注的焦点。

（1）亲近自然

与动植物亲近。多做一些绿化,开辟一片专门的"菜园"。老师和小朋友们一同参与种植、浇水、发芽、开花结果的全过程。同时,引入一些小动物,让孩子们有机会与动植物直接接触和互动,感受大自然的魅力。

与自然资源亲近。建议扩大沙水游戏区,并配备相应的保育设施,以便孩子们能够尽情地玩耍。此外,考虑将幼儿园的墙面玻璃做成彩色的,这样孩子们就可以借助阳光玩光影游戏,增加游戏的趣味性和教育意义。

（2）"智慧"建园

借鉴桃浦智创城的理念,在幼儿园内增设一些适用于信息化材料的场地,并提供相应的材料,给孩子们提供操作信息化材料的机会,让他们初步接触高科技。

（3）资源联动

与冰上运动中心场馆联动,为孩子们提供各类运动资源。

与桃浦中心绿地联动,开辟专属孩子们亲近自然、观赏、种植的区域。

与创新园的科技企业互动,安排参观机会,并邀请科技人员为孩子们设计相关活动。

（4）场地与材料的进一步优化、丰富

创设游泳池和攀爬墙等设施,在假期开设游泳课,为孩子们提供不同的运动体验。

在操场上建立活动顶棚,以便在雨雪天气开展半户外活动。

创设儿童食堂,不仅能让孩子们体验集体用餐的乐趣,还可以开展"大带小"活动。

打造"洞穴"概念,如小山坡洞、树洞,甚至纸盒装饰洞,以激发孩子们装饰自己的"洞"的创意,同时在自己的安全区域内感受和探索。

根据不同的兴趣爱好和特点,创设主题式的活动区域,如汽车主题馆、公主主题馆等。

3. 老师们的希望

五月,我带领孩子们走遍了幼儿园的角角落落,并就幼儿园空间重构进行了讨论。基于那时的所感所想,现从物质空间、心理空间两方面,谈谈我的设想：

（1）物质空间

转"独立"为"自由、开放"。通过斜坡、阳台、内外走道、一屋双门等方式,打破"一墙一房一室"的封闭格局,将室内与室外,教室与教室、教室与活动室之间的空间打开,布局上实现四通八达,让孩子们能自由穿梭于教室、户外、活动室等场域。

转"固定"为"灵活、共创"。无论是室内还是室外空间,除了建筑本身的固定墙体外,我们可以提供一些可移动的、可改变的隔断。这些隔断可以根据孩子们的喜好,在遵循他们意见的基础上,不定期地对空间进行调整、优化。

转"单一"为"多元、可变"。幼儿园的场地可以包含塑胶场地、水泥地、草地、泥地、山坡、沟渠、沙水等多样的形式,让孩子们能在不同的自然环境中游戏、活动。同时,配以遮阳遮雨的设备,并根据天气情况进行调节、改变,以最大限度地满足孩子们的活动需求。

另外,这里的"多元"还包括幼儿园内动植物的多元性。使幼儿园内一年四季、每个地方都让孩子们拥有亲近、体验、探索自然的机会。

"可变"是孩子们在游戏、生活一段时间后,若对幼儿园环境有了新的设想,可以通过宝宝议事厅等形式反馈到幼儿园,幼儿园则会及时对目前环境进行调整。

（2）心理空间

既"开放"又"私密"。无论是幼儿园的整体空间,还是班级的个性空间,整体应当是开放的,同时需要给孩子们提供一些私密的空间,如洞穴、帐篷、小屋子、小阁楼等,以便孩子们可以放松心情、畅谈心事或舒缓不良情绪等。

既"普适"又"个性"。幼儿园定期会开展"家长学校",关注幼儿健康情绪的发展。那么,在幼儿园的日常生活中,是否可以借鉴"宝宝门诊室"的经验,增设"宝宝心情屋/情绪馆"或在门诊室中融入"宝宝心情故事"之类的"小科室"。科室内创设温馨、自主、以放松休息为主题的区域,并提供沙盘之类专业心理治疗工具,重点聚焦幼儿心理健康方面的问题,辅以家园协商的方式,给予幼儿个性化的指导。

## （二）对"每一位"都友好

### 班级畅想:2023届杏山园大（3）班（孙家珺）

随着年龄的增长,幼儿的自主意识和性别意识在他们的绘画中得到了充分的体现。有 10 名幼儿表达了对未来园区拥有独立餐厅和男女分开的厕所的期望，这些餐厅的位置一致地被安排在教室内部。此外，有 3 名幼儿提出了扩大教室面积的建议。同时，许多幼儿希望能够保留园区现有的一些特色，例如：5 名幼儿提到希望新园区的教室仍然采用复式结构，楼上作为午睡区，楼下为学习和生活区。对于午睡区的设计，4 名幼儿建议增加上下铺床位，认为与同伴共同睡觉可以增加趣味性。这表明，大班幼儿在人际交往方面已经积累了一定的经验，知道如何与他人和谐相处，并乐于共同参与活动。通过整理，我还发现孩子们对操场和运动器械有着许多建议，5 名幼儿分别提到：增加攀岩墙，扩大操场面积，增加麻绳做的秋千以及蘑菇顶的滑梯，丰富各类运动材料等。这些建议都是从儿童自己的视角出发，真实且具有很高的参考价值。

设计一所符合未来学校概念的幼儿园，首先要满足的就是儿童友好，要以儿童终身发展为目标，顺应其成长规律并尊重个体差异，倡导儿童平等。提供不同类型的学习空间，让幼儿自主选择内容与学习方式，那么不同的空间与内容来源正是幼儿自己的想法。因此，让幼儿参与未来学校的设计是十分必要的，他们的意见的采纳和实现是真正实现儿童友好的关键。

对于家长而言，他们希望在新园区的设计中看到更多直观的变化。因此，许多家长围绕"儿童友好"这一主题提出了自己的设想，涉及各类大型设施。这些设施可以为幼儿活动提供多样选择。其中，新式多媒体教具能够提升教学质量，便于幼儿参与课堂的互动；停车区域扩大，方便幼儿上下学，不会因停车而浪费过多时间甚至迟到。建立一所合格的未来学校，不仅要从儿童视角出发还要倾听家长们的建议，因为他们是教育的直接参与者和家园共育的合作者。

新园区的建设需要围绕"儿童友好""未来学校"等关键词。建设儿童友好型学校，除了要巩固孩子的文化基础，同样要了解孩子们喜欢和需要什么，要从儿童视角出发，探索空间的建设。结合先前幼儿们的画语解读，教师提出了一些关于新园区建设的建议。

打破区域边界，支持幼儿整体性活动和发展。以往班级里的美工区、益智区、建构区等有非常鲜明的划分，那现在可以尝试不要固化区域的名称与内容，让幼儿的学习能够在不同的时空场域，以不同的组织形态来让其自然发生，让每一个空间都能支持幼儿进行整体性活动。

各类场地设计自然又多元。幼儿园户外场地中最重要的是运动与游戏场地。在其设计过程中,我们都要最大程度地满足幼儿户外游戏和运动的需要。例如,在运动与游戏场地旁可以新增一些带轮子的储物柜,柜子里可以放置茶桶、擦汗毛巾等;沙池旁可以设置专用的衣柜与鞋柜,用于摆放活动时所需要的反穿衣物与套鞋;大型运动器具旁可以增设材料架,提供简单的材料以丰富玩法。

让环境与幼儿"对话"。幼儿喜欢能参与其中,与之产生互动的环境,以此获得发展。因此,我们不能仅仅满足于环境会"说话",更应当注重让环境与幼儿"对话"。

首先,距离更贴近。许多场地不需要使用过多的围栏与提示,这样会拉远与幼儿间的距离,可以邀请幼儿作为设计师与安全员自行设计各场地的提示语。其次,创造更自由。在许多场地旁可以新增一些记录板或者用透明桌布制作的记录墙,投放一些水粉类的颜料与画笔,便于幼儿在游玩过程中及时记录当前的心情或使用的好方法等。这样也便于教师及时记录幼儿成长中的点点滴滴。

未来的学校不要以成人思维主导设计,而是要充分倾听幼儿、家长、教师三方的建议,并以儿童友好为核心理念开展设计。需要创设不同类型的学习空间供不同类型的幼儿使用,并充分利用现代化信息技术。设计时应从儿童视角出发,考虑各类设施、空间的摆放以及便利程度,可借助"大自然"这位优秀"教师"的各类资源来激发幼儿的探索欲、学习欲等。游戏是促进儿童身心发展的重要方式。在创设户外游戏区域时,需要更多考虑与大自然的互动性以及空间的多样组合性。

## 二、我参与构筑的幼儿园

高品质的幼儿园一定是教育课程开展的优质学习空间,在这一部分我们对未来空间资源、儿童友好学校进行了畅想。

### (一) 未来空间资源盘点

**班级畅想:2023 届杏山园大(5)班(赵璐)**

幼儿园活动空间资源中蕴含着多种学习的契机、探究的机会及文化和社会元素。它既是幼儿的生活空间,也是幼儿游戏、学习、探索的多元空间。这个空间应具有如下特征:自然、开放、与幼儿生活的高度联结、可持续、能创生、可探究、充满机会与挑战,能让幼儿获得丰富多元的经验生长与全面发展。

1.资料查找借鉴

(1)审视"四不":现有空间资源存在的问题

在现实中,幼儿园往往对空间资源的可持续性开发还不够充分,资源内容与课程实施的关联度不高;环境中缺乏儿童感,幼儿跟环境没有形成真正联系;空间的主动育人功能不足。

前后操场的壁垒　　　　　　　　　狭小且拥挤的卧室

(2)抓取"四性":儿童友好空间的特点分析

· 儿童在空间中的活动轨迹具有随机性。由于儿童注意力易分散、好奇心强,其活动轨迹不固定,容易被新鲜事物吸引。因此,活动场地的设置需要具备灵活性、整体性,注重与周边场地的结合

· 年龄相近的儿童更容易聚集在一起游戏。因此,设计中要充分考虑不同年龄段儿童的需求

随机性　　聚集性

儿童友好空间的特点分析

探索性　　通达性

· 儿童容易被新奇的环境吸引。例如,洞口、缝隙等隐蔽的空间都会引起儿童强烈的探索欲望。因此,可以设置小山坡等不规则的空间激发儿童探索行为,创造丰富的空间游戏体验

· 走廊是连接各个空间的通道,要保持走廊空间的延续性和通透性。走廊宽度一般在1.5m以上,但不宜大于2.4m,走廊过窄会导致拥挤,而过宽则会降低空间的利用率

外走廊和内过道都是儿童友好的空间,所以墙面的"儿童性"很重要,可以穿插乐高墙、涂鸦板、洞洞板、多感官触摸墙等,为后期课程实施、空间育人提供必要媒介。

2. 设计创想对话

教师可发起与幼儿的可视对话。

(1) 围绕系列驱动性问题,勾画新园舍的雏形

幼儿对幼儿园活动空间有自己看法,他们对环境中的空间及各类资源是熟悉的,有使用经验且充满情感和归属感。他们能关注空间的不同特点,并能将这些特点与先前的经验产生联结,进而将这些想法延展到新园舍的设计与创想中。同时,他们的想法虽然是天马行空的,却在一定程度上体现出了共性的偏好,如色彩、大小、亲水、爱玩等。

(2) 借助导视功能,着重凸显幼儿园"健康"文化

表 5-1　幼儿空间创想

| 连通室内的滑梯 | 在室内也能玩的荡秋千 |
|---|---|
| 屋顶花园、游乐场 | 能探洞、穿梭、躲藏的小山坡 |
| 具有儿童感的导览设计 | 可视化的空间布局 |

3. 建构关系联结

研究表明,环境被哲学、心理学、地理学、生态学等研究所聚焦,尤其是在人与环境的关系上,都有看待这个问题的独特视角和对这个问题的解释。超越了物理环境的理解视角且更加关注心理环境、社会文化环境的意义建构,也为儿童早期学习与发展的环境创设提供了思考空间。在这一点上,健康家园的大朋友们也有所提及。

他们希望:

设置心理健康教育部门。定期检查儿童心理健康发展,以便家长、教师多了解儿童的心理发展,及时关注儿童的内心想法,多关爱儿童。

园门口要规划好场地,方便开车接送的家长,尤其是在恶劣天气情况下,能够有个遮风避雨的地方让小朋友有序上下车,没有车辆行人簇拥在一起的安全隐患。

设置趣味幼儿活动空间,包括阅读角、探索区、植物园等空间,卫生间需体现人性化设计。

适则共生,重在寓教。一所活动场地特别大的幼儿园,可以让孩子们尽情流汗、奔跑追逐;一所处处提供玩乐探索的幼儿园,可以让孩子们尽情想象、迸发创意;一所会抓住任何教育契机的幼儿园,可以真正给予孩子们无限的成长空间。

幼儿园的教育本该如此,要在无形之中激发孩子的好奇心;幼儿园的设计本就该如此,要充分尊重孩子的天性。这样的教育和环境才是孩子、家长不会拒绝且心之所向的。

### (二) 儿童友好园所建构

近年来,伴随着幼教事业的发展以及国际上儿童权利保护意识的日益深入,旨在提高儿童的权利意识、改善儿童福祉,坚持"以儿童视角,以儿童优先为原则,以儿童需求为导向,以实现儿童权利最大化为立足点"的"儿童友好"理念逐渐成为国内外城市建设、教育发展的热点与关注点。然而,面对当下国内传统幼教市场、幼教空间场域,以"他者"视角、成人化的维度、泛儿童化思维方式来处理的空间形式及其引发的幼教空间设计过度偏执化、低龄化、趋同化问题,是否真的有利于儿童健康成长? 是否能在这样"友好"的环境中获得真正的、可持续的快乐? 这值得我们重新审视与深思。

**班级畅想:2023届阳光园大班(龚同)**

1. 建构多元化的学习空间

(1) 弱边界的封闭界限

教室与走廊的边界弱化。通过环境设计,弱化教室与走廊的边界,使班级与走廊的公共空间边界模糊,从而扩大教学空间。幼儿活动空间与公共交通空间紧密连接,幼儿园部分区域可通过在空间与走廊边界设置大面积的玻璃幕墙,以保障空间采光和环境的透明度,或设置造型孔洞以丰富空间趣味性和提升空间利用效率,以方便幼儿与空间的交互。模糊走廊与活动空间边界,满足不同年龄段幼儿的活动需求、教育需求、好奇心和对环境的探索欲。空间中大面积的玻璃墙体造型,能确保室内空间有充足光线且空间视线通透。走廊与班级之间采用开放玻璃门窗能让幼儿在班级与走廊之间自由活动,不必舍近求远。墙体造型通常采用几何形式,为幼儿提升空间趣味性,并丰富空间友好程度。

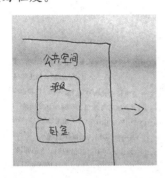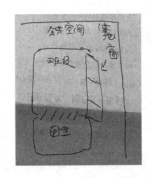

　　室内与室外的边界弱化。通过大面积的玻璃幕墙进行边界分隔,让幼儿更直观地感受自然环境的变化。在保障室内充足采光和通风前提下,部分玻璃可滑动开放,使室内外空间相互渗透,为幼儿提供充分的互动空间。

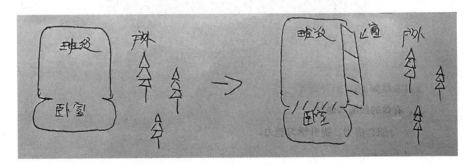

　　(2) 边缘空间的利用

　　增设屋顶花园、蔬菜果园,或开发其他室外活动型空间的功能。屋顶的周围需要装上栏杆来保证儿童的安全。对于走廊楼梯间等功能单一的空间,可以通过设计,使其具有活动、交往、合作等多元化的功能。

2. 创造趣味化的活力场景

（1）亲近的自然景观

打造亲近有趣的自然景观,让儿童能够在寓教于乐中获得成长。将真实的花草树木、小溪河流引入幼儿园,高度还原高低起伏的地形、形状各异的石头、坑坑洼洼的泥潭等自然景观。设计小动物养殖区、果蔬种植区、植物认识区等多种具有教育意义的自然空间,让儿童能够全面体验、认识自然。儿童对不懂的知识可以在自然中找到答案,以了解更多自然常识,提升认知能力。

甚至可以将植物等自然元素引入室内,如放置在前厅和公共空间中,让幼儿在室内就能观察到不同季节的植物变化。从植物的萌芽、开花到结果、凋落,孩子们可以感受自然的生机和活力,同时对环境的感受和认知留下深刻印象。

（2）适宜的活动空间

在儿童户外活动空间的设计上,活动设施应该结合自然景观进行规划,让儿童能够参与进来。儿童在玩耍的过程中能够感觉到友好和亲切。在儿童活动设施上使用简单易得的材料,如使用木头、麻绳、沙子、水泥管等制成木屋,并提供攀岩壁、平衡木、沙坑、隧道等设施。与自然景观相融合、天然的材料会增加儿童的好感,并为儿童带来冒险的欢乐体验。

（3）有趣的空间场景

通过丰富空间设计,将原本的二维平面墙体和地面立体三维化。在墙体上安装攀岩点、攀爬网等多种设施,使儿童能够通过攀爬锻炼四肢协调能力和意志力。凹凸不平地面为儿童提供了充足的空间进行爬行、奔跑、跳跃、骑行和翻滚等活动,让他们在游戏中自然而然地得到锻炼。此外,通过打破空间限制,在墙面上设置大小不一的门洞,以满足儿童的探索需求。在空间的上下层设计中有爬竿、滑梯等,让儿童可以在不同空间中自由穿梭。这样丰富多样且具有趣味性的游戏空间,能使儿童的天性得到充分的释放。

3. 打造健康化的社交空间

（1）楼梯下的交流空间

除了集体活动外,儿童也需要有独立思考或是与几个小伙伴单独交流的空间。因此,教室和楼梯间的小角落可以设计为小剧场、交流角等。在充分利用空间的情况下,供儿童互相协作,共同学习。

（2）精心设计的留白空间

精心设计的留白空间主要分为墙面上的留白、空间上的留白两种形式。

墙面上的留白指的是在墙面上留有足够的空间供儿童进行创作活动。儿童可以发挥想象和创造对主题进行设计和制作,教师可在旁边协助。这样一方面有利于增加空间的灵活性,另一方面可以促进儿童对生活的探知和观察,增强儿童的自信和荣誉感。

空间上的留白主要是指选取某一宽敞通风的空间,并不对其赋予某种特定的功能。儿童既能在这里学习、交流、合作,又能够玩耍、运动。活动的开展有利于增加儿童参与的热情,为儿童的创造提供多样的机会。

4. 创建技术化的新媒体空间

借助新媒体技术提升空间趣味性和捕捉幼儿注意力,并结合传统板书和幼儿教具实现复合空间功能,提升空间友好程度。

(1) AR 儿童互动科普装置

AR 即增强现实技术,是通过将屏幕上的影像与背景虚实叠加,把生态、宇宙、地质等书本中的知识,在滑轨屏上活灵活现展示出来,让小朋友们在互动中学习知识。相比于二维图像,三维虚拟环境的直观和趣味性不断刺激使用者感官。新媒体设备能够直观地展现幼儿教学中对抽象、难以认知环境的理解,提升教学效率的同时增加空间功能趣味,打造儿童友好氛围。

滑轨背景还可以设计成沙盘模型,从而显得直观有趣。如广州动物园科普长廊的 AR 望远镜,可以让小朋友们以 360°观看动物活动轨迹,以了解动物知识,从而增强关爱动物、保护生态环境的意识。

(2) 雷达拍拍墙

雷达拍拍墙利用先进的雷达识别技术,使幼儿通过触碰墙面上的图案即可触发一系列动画效果。这项技术非常适合创建互动音乐墙,轻触墙面即可使乐器亮起并发出美妙的音乐,仿佛在进行真实的乐器演奏,从而营造出一个充满活力的音乐互动空间。幼儿可以通过游戏的方式,了解乐器并激发音乐潜能,享受充满童趣的体验。此外,雷达拍拍墙的内容可以设计为一系列益智学习类和思维训练类的闯关游戏,让孩子们在娱乐中学习知识。

创设儿童友好学校时,幼儿园空间环境应当以儿童为本,以儿童的视角为出发点,充分尊重不同儿童的发展需求。为儿童营造参与空间的前提,是要保障儿童有充分参与的权利,以及儿童在参与过程中提出意见的有效性和可接受性。我们可以通过举办各类活动,让儿童共同参与。一方面,儿童在参与的过程中可以逐渐培养其荣誉感,增强儿童的各项能力与技能。另一方面,空间环境也因儿童的参与而变得更加友好、亲切,即以儿童的视角不断地改进设计,创建出一个可持续发展的幼儿园空间。

# 后记

　　七十多年来，上海市实验幼儿园始终秉持一颗为老百姓办好家门口幼儿园的初心，致力于传承和发扬上海市实验幼儿园的实践研究精神，力求让上海市实验幼儿园的健康教育在不同的历史时期呼应时代需求，延展新的内涵，引领教育改革，创生新的增长。本书既是我们对上海市实验幼儿园发展沿革的审思，也是对幼儿园文脉的梳理，更是对实幼精神的提炼和对未来幼儿园的畅想。

　　为了让本书深植于上海市实验幼儿园丰厚的文化土壤，我们仔细查阅了幼儿园七十余年来的档案资料与图文记录。在文山字海中触摸着幼儿园的发展轨迹，每一次的阅读和体悟都会在心中激荡出阵阵涟漪；在岁月更迭中探寻实幼人的精神世界，每一回都会由衷地仰望和慨叹，是一代又一代的坚守和创新，铸成了七十余年的优质和辉煌。这也许就是这所幼儿园的支柱和力量，也是高质量幼儿园的逻辑起点和归宿。

　　在编著过程中，我们还一一拜访了曾经在上海市实验幼儿园工作过的师长和前辈，无论是鲐背之年的阮惠英还是刚刚退休的何敬红，或是年届高龄的陆秀圳和正在带教的邵乃济，从她们身上，我们时时感受到的是那份对教育深深的情怀和不变的挚爱。这些精神将表率于上海市实验幼儿园的后辈们，激励着我们守正创新，砥砺前行。

　　为了能够呈现更扎实的理论基础，我们多次邀请专家、学者进行学术交流和头脑风暴，团队教师多次参观、学习其他优秀幼儿园，了解更多优质的幼儿教育实践，以借鉴好的教育经验，连接幼儿园当下。本着对教育要面向未来的深切思考，我们常常食不甘味、夜不能寐，在一次次的反思、推敲、重构中收获着满满的欣悦与感动。这本书，也可以说是我担任上海市实验幼儿园园长的一份学习体会，更是我们实幼人再次出发的底气和信心。

　　本书在编著过程得到了教育局主要领导、有关单位、同行等无私的指导和帮助。感恩你们用爱心和智慧点燃了上海市实验幼儿园的前行之路！上海市实验幼儿园在未来发展的道路上期待你们的支持。

感谢邵乃济导师能精准回忆,并多次亲临现场,倾情相授。您对上海市实验幼儿园的那份拳拳之心以及关于幼儿园课程建设的专业思考、关于实幼文化发展的梳理提炼,给予我们启发与思考,让我们有了更多的成长。

感谢上海丝闻云书的任军安老师以及上海教育出版社审稿编辑,是你们的建议,让我们的成果更加严谨、系统、科学和完善。

在这里,还要感谢上海市实验幼儿园全体教师对本书的倾情投入,是你们以一腔无私奉献的热血和专业的实践热忱,将自己在研究中的经验、方法、思考和感悟毫无保留地呈现出来,才有了书中那些动人的儿童故事、有血有肉的美好师德和多才多能的群体智慧。尤其感谢我的团队成员:张迎晖、戴静芳、陈冠峰、沈蓓莉、陈春莲、陈奕、沈青、方思瑜。

因为实幼文化的浸润,以及每一位实幼人的付出、贡献,我们才能成就此书。作为上海市实验幼儿园健康教育探索之路的又一次见证,它将时刻激励着我们:上海市实验幼儿园未来的道路还很长,为了我们共同的信念与理想,我们要始终如一、砥砺前行。

# 参考文献

[1] 詹姆斯,简克斯,普劳特.童年论[M].上海:上海社会科学院出版社,2014.

[2] 刘宇.儿童友好幼儿园:高质量学前教育背景下的办园模式选择[J].幼儿教育,2023(Z3):46-50.

[3] 段小松.联合国《儿童权利公约》研究[M].北京:人民出版社,2017.

[4] 柯西,马斯特森.积极指导儿童的101条原则——塑造回应型教师[M].北京:机械工业出版社,2015.

[5] 庞建萍,柳倩.学前儿童健康教育[M].上海:华东师范大学出版社,2008.

[6] 颜磊.幼儿健康教育的探索与实践[M].北京:北京师范大学出版社,2010.

[7] 徐梅艳.当前幼儿健康教育的误区与对策[J].亚太教育,2022(1):187-189.

[8] 冯静.浅谈幼儿园健康教育活动开展的现状分析[J].文体用品与科技,2022(13):167-168.

[9] 刘红霞.幼儿园健康教育活动的开展现状及优化建议分析[J].家教世界,2021(21):39-40.

[10] 叶慧.基于儿童视角的幼儿园健康教育实践探究[J].幸福家庭,2021(18):61-62.

[11] 王燕红.在角色游戏中促进幼儿的心理健康发展[J].当代家庭教育,2021(10):69-70.

[12] 秦奕.幼儿身心健康的割裂与统整——幼儿园健康教育游戏化探索[J].教育导刊(下半月),2012(1):33-36.

[13] 马富成.当前我国幼儿园健康教育中存在的问题及其对策[J].陇东学

院学报,2011,22(2):67-69.

[14] 张延华.将幼儿园健康教育融入幼儿的一日生活中[J].山东教育,2010(Z6):102-104.

[15] 季素华.关注幼儿身体健康,提高幼儿园健康教育质量[J].学前教育研究,2008(11):63-65.

[16] 何锋.日本幼儿健康教育:目标、内容、方法之特点[J].山东教育(幼教刊),2006(9):51-52.

[17] 邵继红,黄水平,卓朗,等.学龄儿童对单纯性肥胖的认知及相关行为的研究[J].中国妇幼保健,2005(23):3133-3135.

[18] 柳倩.我国学前儿童健康教育概述[J].早期教育,2003(4):8-9.

[19] 李生兰.幼儿园与家庭、社区合作共育的研究(修订版)[M].上海:华东师范大学出版社,2013.

[20] 朱家雄,幼儿园课程(第二版)[M].上海:华东师范大学出版社,2011.

[21] 刘爱云.H省A市幼儿园利用家庭、社区教育资源的研究[D].上海:华东师范大学,2007.

[22] 王芸.幼儿园利用社区教育资源的现状及其对策研究——以M幼儿园为研究个案[D].福州:福建师范大学,2014.

[23] 郭丽.谈社区资源在幼儿园教学中的开发与利用[J].四川教育学院学报,2007(4):108-109.

[24] 韦丽华.利用社区资源开展幼儿园主题活动的尝试[J].基础教育研究,2009(1):52-53.

[25] 杨文.社区教育资源开发与儿童成长社区构建[J].学前教育研究,2017(11):58-60.

[26] 程燕.利用社区资源 丰富园本课程[J].名师在线,2018(32):11-12.

[27] 宁俊,夏芸菲.利用社区资源开展幼儿园开放式教育实践研究的意义[J].科学咨询(教育科研),2019(1):158.

[28] 余碧君."整体教育"断想[J].早期教育,1990(1):7-8.

[29] 朱惠珍,李敏谊.以有限空间育无限可能——面向未来的幼儿园学习空间建设[J].学前教育,2023(Z3):38-45.

［30］彭辉.构建儿童友好型空间：基于关心的情感联结［J］.东方娃娃·保育与教育，2022(12)：1.

［31］邹平，徐婵，潘娟.课程无边　学习无界——面向未来构建幼儿园无边界课程［J］.学前教育，2023(9)：30－33.

［32］霍力岩，孙蔷蔷.建构主义视野下幼儿学习与发展本质特征初探［J］.福建教育，2015(Z3)：43－44；117.

［33］朱婷婷.论幼儿园的师幼关系［D］.呼和浩特：内蒙古师范大学，2013.

［34］闫婧华.国外关于师幼关系影响因素的研究及其启示［J］.宁波大学学报(教育科学版)，2017，39(1)：126－132.

［35］黎琦.文化共生视角下幼儿园师幼关系的构建［J］.成都师范学院学报，2021，37(6)：51－57.

［36］李创斌.对话理论视域中的师幼关系研究［D］.西安：陕西师范大学，2014.

［37］霍力岩，孙蔷蔷，敖晓会.高宽课程［M］.上海：华东师范大学出版社，2017.

［38］周潘伟.师幼关系与幼儿主动学习的关系研究：以 L 市 Y 区为例［D］.太原：山西师范大学，2020.